UN
AMANT TROP AIMÉ

PAR

MAXIMILIEN PERRIN.

2

PARIS
ALEXANDRE CADOT, ÉDITEUR
37, RUE SERPENTE, 37

UN AMANT TROP AIMÉ

OUVRAGES DE MAXIMILIEN PERRIN.

Un Amant Trop aimé.............................	2 vol.
L'Enfant de l'amour..............................	2 vol.
Le secret de Madame............................	2 vol.
Les Mariages d'inclination....................	2 vol.
Manon la Ravaudeuse...........................	2 vol.
Le Mari d'une jolie femme....................	2 vol.
L'amour à l'aveuglette..........................	2 vol.
Le Mariage aux écus.............................	2 vol.
Le Sultan du quartier............................	2 vol.
Laquelle des deux.................................	2 vol.
Partie et revanche.................................	2 vol.
Le beau Cousin......................................	2 vol.
Riche d'amour.......................................	2 vol.
Une passion diabolique.........................	2 vol.
L'Ouvrier gentilhomme.........................	2 vol.
Le Mari d'une comédienne....................	3 vol.
L'ami de la maison................................	2 vol.
La fille d'une Lorette.............................	4 vol.
Le garde municipal................................	2 vol.
La Demoiselle de la confrérie................	2 vol.
L'Amour et la faim................................	2 vol.
Vierge et Modiste..................................	2 vol.
Le Capitaine de Spahis..........................	2 vol.
Un Mauvais Coucheur...........................	2 vol.
Une Fille à marier...................................	2 vol.

Imprimerie de E. Dépée, à Sceaux.

UN

AMANT TROP AIMÉ

PAR

MAXIMILIEN PERRIN.

2

PARIS
ALEXANDRE CADOT, ÉDITEUR,
37, RUE SERPENTE, 37.
—
1862

I

Chamberlin, à son arrivée au château, fut assez surpris d'entendre la femme de chambre de Flora le prier de vouloir bien se rendre à l'appartement de sa maîtresse qui désirait lui parler. Après s'être informé si Maurice et Clara étaient de retour et avoir reçu pour réponse que les deux jeunes gens n'avaient précédé le sien que d'une heure, Chamberlin en secouant la tête, mais riant sous cape, se rendit à l'invitation de la vieille demoiselle, qu'il trouva dans son boudoir, et arriva devant un métier à tapisserie.

— Soyez le bien venu Gabriel, et merci de votre empressement à vous rendre à mes désirs, dit Flora en indiquant au jeune homme un siége placé tout près du sien.

— Vous avez à me parler, mademoiselle, vient de me dire votre chambrière, je suis tout oreille.

— Chamberlin, vous voyez en moi

une fille bien malheureuse, débuta Flora en poussant un énorme soupir.

— Il se pourrait, fit Chamberlin.

— Hélas! oui, mon ami, et comme je ne puis, faible femme que je suis, supporter à moi seule tout le poids de mes douleurs, j'ai résolu d'en confier la cause à un ami sincère qui consentit à me consoler, à m'éviter la honte d'une démarche devant laquelle j'ai reculé jusqu'alors, et de laquelle dépend mon bonheur ou mon malheur ; une démarche enfin dont je veux charger cet ami dans lequel je place toute ma confiance. Cet ami que j'en crois digne, c'est vous, Chamberlin ; vous que cette démarche concerne autant que moi, puisqu'il s'agit de séparer de Clara un rival qui essaie de vous la ravir.

— Parlez, parlez vite, chère demoiselle, car je suis tout à votre service, s'écria Chamberlin très-intrigué.

— Ah! Chamberlin, il faut donc le laisser échapper de mon cœur ce secret qu'il renferme depuis plus d'une année! Chamberlin, au nom du ciel, n'allez pas me juger avec trop de sévérité et pardonnez à ma faiblesse, disait Flora avec un pudique embarras et en se voilant le visage de la main.

— J'excuse, je vous assure d'avance de mon indulgence, chère demoiselle. Parlez donc sans crainte.

— Eh bien, Chamberlin, apprenez donc que moi qui, jusqu'alors, n'avais eu d'autre passion que celle que m'inspiraient l'étude, la science, la poésie, j'ai laissé surprendre mon cœur par ce dieu perfide qu'on appelle Amour.

— Il se pourrait; mais, au fait, rien de surprenant en cela, tout mortel ne doit-il pas payer ici-bas son tribut à ce petit tyran? Allons, mademoiselle, encore un peu de confiance et de courage; dites-moi le nom de l'homme assez heureux pour avoir su inspirer une aussi douce passion à une femme telle que vous ?

— Maurice, mon ami, Maurice que j'aime de toute la force de mon âme, de mon cœur innocent et vierge, Maurice sans l'amour, la possession duquel je ne puis plus vivre désormais.

— Et ce fortuné mortel est-il instruit de son bonheur?

— Non, Chamberlin, à moins qu'il ne l'ait lu dans mes regards, mais il l'ignore; je veux qu'il l'apprenne, qu'il sâche que je l'ai choisi pour être mon époux, et c'est vous, mon ami, à qui je confie cette délicate mission et le soin de l'amener à mes pieds, ivre de bonheur et de joie.

— J'accepte! quand faudra-t-il agir?

— Aujourd'hui même, Chamberlin, à l'instant si telle est votre obligeance, si votre amitié daigne prendre en pitié mon martyre et mon impatience.

— J'y cours, ma chère demoiselle, fit Chamberlin en se levant vivement de son siége.

— Allez, mon ami, et revenez au plus vite ; pensez que j'attends, que je souffre.
Chamberlin s'éloigna, puis à peine eut-il fait quelques pas qu'il donna cours à un violent éclat de rire lequel l'étouffait depuis longtemps.

— La vieille folle ! être amoureuse à son âge, amoureuse d'un homme de vingt ans ! N'importe ! puisque cette extravagance sert mes projets… Ah ! seigneur Maurice, vous vous permettez d'aller sur mes brisées, de courtiser la femme que j'aime... Dieu merci, beau Céladon, je ne vous crains plus, car les aveux de Rosita, la lettre qu'elle m'a remise et de laquelle j'ai pris communication, puis l'amour de demoiselle Flora, sont des armes qui vont me débarrasser de vous en vous attirant la colère de madame de Melevale.

Ainsi disait mentalement Chamberlin tout en se dirigeant vers l'appartement de Maurice qu'il trouva en train de changer de toilette.

— Comment c'est vous, monsieur le déserteur, vous que madame de Melevale et moi avons cherché dans le bois durant trois grandes heures? dit en riant Maurice en voyant entrer Chamberlin.

— Que voulez-vous, l'ardeur de la chasse m'a emporté, si bien que je me suis entièrement égaré.

— Et comment vous êtes-vous tiré de ces immenses bois ? demanda Maurice.

— En allant toujours tout droit jusqu'à ce que j'en trouve la fin, ce qui m'a conduit jusqu'à la ferme de Lamoureux dans laquelle je me suis reposé quelques instants. Halte heureuse où s'est présentée à mes regards enchantés la perle des jolies filles dans la personne de mademoiselle Rose Lamoureux.

— Rose ! fit Maurice en rougissant.

— Oui, cette belle enfant arrive de Paris... Mais elle vous connaît, mon gaillard, car elle m'a beaucoup parlé de vous ; elle m'a même chargé de vous prévenir de son retour en ajoutant qu'elle vous attend avec impatience.

— En effet, lors de mes visites à la ferme où m'appelaient la surveillance de travaux que j'y faisais exécuter, j'ai eu l'occasion d'y rencontrer cette jeune fille, répondit Maurice, devenu subitement pensif.

— Cette Rose est une fleur d'innocence des plus ravissantes à laquelle, sans doute, vous n'aurez pas manqué de faire un doigt de cour, cela devait vous paraître si bon, si nouveau de rencontrer dans ce pays, au milieu de paysannes laides et gauchies, un minois frais et vermeil aux allures parisiennes?

— J'ai été poli avec cette jeune fille, ainsi que le commandait la bienséance, répondit Maurice tout troublé.

— Poli, seulement? reprit Chamberlin en ricannant.

— Que devais-je être de plus?

— Rien, j'en conviens, surtout avec une innocente vierge qu'aurait certes effarouché le moindre petit mot d'amour. Mais laissons mademoiselle Rose Lamoureux pour en venir à l'affaire qui m'amène auprès de vous.

— Une affaire? fit Maurice d'un air surpris tout en fixant Chamberlin.

— Ou plutôt une mission fort délicate qu'une demoiselle, une amie commune m'a prié de remplir auprès de vous trois fois heureux mortel.

— Expliquez-vous, monsieur.

— Cher, j'écarte tout préambule et j'arrive droit au but : Mademoiselle Flora Desrieux est amoureuse de vous ; elle veut vous épouser, vous enrichir, et m'envoie vous déclarer sa flamme, puis vous demander votre cœur et votre consentement à votre heureuse union. Voilà !

— En vérité, monsieur, je ne puis comprendre de votre part une plaisanterie qui est tout à la fois une insulte faite à une personne respectable et une grossière plaisanterie à mon égard.

— Ah! vous ne me croyez pas; à votre aise, jeune homme, rien n'est pourtant plus vrai et j'ajouterai même plus naturel.

— Monsieur Chamberlin, je vous prierai alors de répondre de ma part à mademoiselle Desrieux que j'ai pour elle tout l'amour et le respect d'un fils pour une tendre mère, que tout mon sang, ma vie lui appartiennent, que ma reconnaissance envers les bienfaits dont elle et son excellent frère m'ont comblé est éternelle. Quant au sentiment qu'exagérait le lien dont vous venez de m'entretenir, celui-là est indépendant de ma volonté, car l'amour s'inspire, il ne se commande pas. Çà, maintenant que je vous ai exprimé ma pensée, avouez, monsieur Chamberlin, que vous avez voulu vous moquer de moi, vous assurer si l'appât d'une grande fortune telle que celle que possède mademoiselle Desrieux ne me tenterait pas?

— Sur Dieu, sur l'honneur, mon cher, je jure de vous avoir dit la vérité, fit Chamberlin.

— Voilà qui me surprend et me confond! murmura Maurice avec tristesse.

— Sambleu! épousez, mon cher, la fortune est une si bonne chose. Qu'importe, une vieille femme, son or n'est-il pas une magnifique compensation. Voyons, Maurice, quelle réponse me faut-il porter à Flora? Réfléchissez, cher, qu'on ne rencontre pas deux fois en la vie l'occasion de s'enrichir si promptement et si facilement ; que mademoiselle Desrieux possède vingt-cinq mille francs de rente et qu'elle est l'unique héritière de la fortune colossale de son frère.

— Je porterai moi-même cette réponse, monsieur, répondit Maurice d'un ton sec.

— A votre aise, cher, mais hâtez-vous, car la demoiselle paraît être diablement pressée, répliqua Chamberlin en prenant congé de Maurice qu'il laissait dans le trouble et l'affliction.

Maurice, après avoir donné le temps à Chamberlin de s'éloigner et s'armant de courage, quitta son appartement pour se rendre chez Flora dont la figure s'épanouit de joie en l'apercevant.

— C'est vous, mon ami ? fit-elle en faisant signe au jeune homme de venir s'asseoir près d'elle ; auriez-vous déjà vu l'ami Chamberlin ?

— Je l'ai vu, mademoiselle.

— Et vous a-t-il communiqué...

— Ce qu'il m'a dit, ma chère bienfaitrice, j'ai tant de peine à le croire que je viens à vous pour m'assurer si cet homme en voulant se moquer de moi ne s'est pas permis d'insulter à la noblesse de votre caractère.

— Mais enfin, que vous a-t-il dit ?

— Faut-il vous le répéter sans craindre de vous offenser?

— Dites, Maurice.

— Eh bien, mademoiselle, cet homme prétend que vous m'aimez d'amour et que votre intention serait d'unir votre destinée à la mienne.

— Chamberlin vous a dit la vérité. Oui, Maurice, je vous aime et vous donne ma main et ma fortune.

A ces mots le jeune homme pâlit.

— Eh bien ! vous ne bondissez pas de de joie, vous ne me remerciez pas Maurice, sans doute la timidité arrête chez vous l'élan du cœur. Osez, mon ami, osez ! fit la vieille fille en allongeant un cou de cigogne, afin d'approcher sa laide figure de celle de Maurice, en l'espoir, sans doute, qu'il allait l'embrasser.

— Mademoiselle, je ne sais quelles expressions choisir pour vous dépeindre toute la reconnaissance qui, en votre faveur, déborde mon âme ; à vous mon dévoûment éternel, mes respects, ma vie ! quant à mon cœur, je ne puis vous l'offrir en ayant disposé en faveur d'une autre personne, répondit Maurice d'une voix tremblante.

— Quoi, vous aimez quelqu'un ? dit dit Flora pâle et frémissante.

— Oui, mademoiselle.

— Clara, sans doute... Répondez ! répondez !

— Oui, madame de Melevale, fit Maurice.

— Ainsi, vous refusez mon hommage et ma main, petit ingrat ?

— Hélas ! mademoiselle, puis-je vous offrir un cœur qui ne m'appartient plus.

— Et Clara partage-t-elle ce beau sentiment ?

— Je l'ignore, mademoiselle, n'ayant osé le lui dévoiler ; je l'aime en secret, sans espoir, mais je l'aime, et ce sentiment fait ma joie.

— Clara repousserait, croyez-le bien, l'amour d'un homme qui, ainsi que vous, est un bâtard, un enfant perdu, dit Flora avec colère.

— Ah! mademoiselle, vous qui fûtes toujours si bonne, si indulgente à mon égard, pourquoi m'humiliez-vous aujourd'hui?

— Afin de vous guérir d'une présomption qui vous fait espérer de devenir l'époux de madame de Melvale, d'une femme noble et riche dont les plus hauts personnages se disputent la possession.

— Je vous ai dit, mademoiselle, que je n'espérais rien, que refermant cet amour audacieux dans mon sein, je me condamnais à souffrir en silence.

— Maurice, je consens à oublier tout

ce que ce premier refus de votre part a d'humiliant pour moi, et toujours bonne et indulgente en votre faveur, je vous accorde deux jours pour réfléchir. Maurice, c'est un cœur vierge et aimant, c'est la fortune que je vous offre en sus ; voyez, votre sort est dans vos mains.

— Il est inutile, mademoiselle, de vous faire attendre une décision qui est chez moi inébranlable, et de laquelle je vous ai fait part. J'aime pour la vie, madame de Melevale, et ce cœur que je lui ai donné ne peut désormais appartenir à une autre.

— Ainsi, vous me refusez positivement et ne craignez pas de faire cette injure à celle qui fut votre bienfaitrice ?

— L'amour ne se commande pas, mademoiselle, mais mon cœur renferme pour vous toute l'affection d'un fils pour une mère qu'il chérit.

— Une mère ! fit avec colère la vieille fille dont le visage s'empourpra. Il suffit, monsieur, sortez ! ajouta-t-elle en indiquant à Maurice la porte du doigt.

En vain le pauvre garçon se jeta-t-il à ses pieds en la suppliant les mains jointes de ne pas l'accabler du poids de sa colère ; Flora demeura insensible et lui réitéra l'ordre de s'éloigner, ce qu'il fit l'âme au désespoir et aveuglé par ses larmes.

Flora était furieuse et de ses yeux s'échappaient les larmes du dépit.

Rien de surprenant en cela, il est des torts que les femmes ne pardonnent jamais : le mépris de leurs charmes, celui de leur amour est une injure à laquelle le temps et la réflexion imprime le sceau d'un éternel souvenir. Chez Flora s'était éveillée, hélas ! trop tard ! une passion violente, elle qui n'avait jamais éprouvé de l'amour, soit que ses études l'eussent entièrement occupée et empêchée de céder à la tentation, soit qu'elle n'eût pas reçu de la nature de passion susceptible de faillir; aussi le refus que venait de lui faire Maurice lui semblait-il une insulte à sa personne ; elle qui était si loin de s'attendre qu'un jeune homme dont elle était la bienfaitrice oserait pousser l'ingratitude jusqu'à rejeter l'offre de sa main et la possession de sa personne. Tandis que la pauvre refusée pleurait seule dans sa chambre ses espérances déçues, son amour-propre outragé, tandis que Maurice, de même renfermé chez lui, se désespérait à la pensée de voir son bonheur perdu, Chamberlin, actif comme un jaloux, perfide comme un traître de mélodrame, n'avait pas perdu son temps ; le perfide s'était introduit chez Clara, armé d'un regard amical et souriant, et, comme toujours, la jolie veuve l'avait accueilli avec amitié, quoiqu'il fut venu interrompre la douce rêverie dans laquelle elle s'était plongée au retour de la chasse.

— Enfin, vous voilà retrouvé, mon pauvre Chamberlin. Figurez-vous qu'en ne vous voyant pas revenir je craignais que les loups ne vous eussent mangé.

— Merci, madame, de ce touchant intérêt; Dieu merci, je suis bien portant et ma personne est intacte, comme vous le voyez : quant à moi, quoique séparé de votre gracieuse personne, je n'avais sur elle aucune inquiétude, la sachant sous la protection d'un jeune et courageux adorateur.

— Un adorateur! qui donc gratifiez-vous de ce titre, monsieur?

— Parbleu! le beau Maurice, celui qui cherche à me supplanter dans votre cœur.

— Sachez, Chamberlin, que M. Maurice n'est point mon adorateur, mais bien un galant cavalier dont il m'a plu de faire mon ami, rien que mon ami, entendez-vous. Ensuite, pour qu'il vous supplante dans mon cœur, ainsi qu'il vous plaît de le dire, il faudrait que vous y fussiez et il n'en est rien, je vous le jure.

— Ah ! les femmes ! elles sont toutes les mêmes, repoussant l'amour sincère de l'homme délicat pour donner la préférence à l'adroit séducteur, au perfide amant qui sait s'emparer de leur esprit et de leur cœur.

— Quel galimatias amphibologique me débitez-vous là, Chamberlin ?

— Je me comprends, madame.

— C'est un avantage que vous avez sur moi.

— Bien ! bien ! soyez méchante et caustique envers moi, mais je ne vous en aime pas moins et vous félicite sincèrement de n'avoir pour ce Maurice qu'un sentiment tout simplement amical, comme vous le dites, car si c'était aussi bien celui de l'amour, je vous plaindrais fort en vous voyant aimer un petit hypocrite, un séducteur, un trompeur qui se joue de la vertu, de l'innocence des jeunes filles.

— Cette fois, je comprends que c'est de ce pauvre Maurice dont vous parlez. Chamberlin, la jalousie vous rend méchant et menteur, mon cher ami, et c'est mal, bien mal à vous de calomnier ainsi un innocent jeune homme qui n'a d'autre tort à vos yeux que celui d'avoir acquis mon estime.

— Ah! je suis un calomniateur, un méchant. Ainsi, vous ne me croiriez pas si je vous disais que votre saint n'y-touche de Maurice a séduit dernièrement une innocente fille de dix-neuf ans, l'enfant du fermier Lamoureux, et qu'après l'avoir déshonorée, il l'abandonne sans pudeur, comme un misérable qu'il est.

— Non, non, je ne vous croirai pas, fit Clara avec énergie tout en s'efforçant de comprimer la vive émotion qui l'agitait en ce moment.

— Eh bien, madame, puisqu'il vous faut des preuves et que mes paroles ne suffisent pas, vous vous convaincrez : lisez cette lettre que m'a confié ce matin la pauvre Rose en larmes, après m'avoir avoué sa honte, en me suppliant de la remettre au séducteur, dit Chamberlin en présentant à Clara la lettre, que la jeune veuve prit d'une main tremblante.

— Mais cette lettre était cachetée! fit Clara en l'examinant.

— C'est vrai, mais je ne me suis pas gêné pour l'ouvrir, répliqua le jeune homme avec un rire insouciant.

— Ce que vous avez fait là, monsieur, est d'une audace peu commune et de la dernière indélicatesse, fit Clara d'un ton sévère.

— Je conviens que le fait est hardi, mais il s'agissait de vous convaincre que ce Maurice, que vous prenez pour un saint, ne vaut pas mieux qu'un autre.

— Mais que m'importe à moi, que ce jeune homme ait de l'amour pour cette demoiselle Rose. Est-ce qu'il est mon amant? Est-ce que parce qu'il est mon ami, rien que mon ami, j'ai le droit d'interdire à son cœur les tendres sentiments qu'inspire une jolie fille à un jeune homme de son âge, reprit Clara avec vivacité et la voix émotionnée.

— Tenez, madame, ne vous efforcez pas de vouloir me faire prendre le change. Oui, vous aimez Maurice, et ce qui m'en donne la douloureuse certitude sont les larmes que je vois rouler dans vos yeux.

— Vous ne savez ce que vous dites, monsieur, et si je pleure n'en attribuez la cause qu'à l'amour que m'inspire l'acharnement que vous mettez à noircir à mes yeux un ami que j'estime, dont la société me plaît infiniment... Reprenez cette lettre, je ne la lirai pas, je ne veux être la complice de votre lâche indiscrétion.

— Comment, vous refusez de vous convaincre?

— Me convaincre de quoi, que Maurice aime ou a aimé cette Rose; que m'importe à moi !

— Mais afin de vous convaincre qu'il est un suborneur, un ingrat.

— Chamberlin, laissez-moi, retirez-vous, vous m'importunez, fit Clara avec force, et comme le jeune homme persistait à rester, Clara se leva vivement pour passer dans une autre pièce, où elle s'enferma après avoir jeté la lettre au nez de Chamberlin.

— Oh ! elle n'a osé le faire en ma présence, mais elle la lira, j'en suis sûr.

Alors Chamberlin, laissant la lettre où elle était tombée, quitta l'appartement tout en se frottant les mains d'aise et en murmurant :

— Çà mord ! çà ira !

II

Chamberlin, avait bien deviné, car un instant plus tard nous retrouvons Clara seule et dans les larmes, tenant à la main la lettre de Rose.

— Lui un suborneur, un infidèle! lui que je croyais le plus pur, le plus sincère des hommes ; ah ! que cette déception est pénible pour mon cœur !... Pauvre Rose ! pauvre fille déshonorée et abandonnée ! ah ! combien tu dois souffrir !... Je veux te voir, te connaître ; je veux te consoler s'il se peut et travailler à te rendre le repos et l'honneur en te rendant le cœur de Maurice, en le ramenant à tes pieds, dussè-je en mourir, moi qui l'aimais, après avoir accompli ce pénible sacrifice que m'inspire le ciel. Hélas ! pourquoi l'ai-je connu ! pourquoi suis-je venue ici !... Oui, je veux le fuir, ne plus le revoir... Demain je quitterai ce château ; c'est à à Tours, chez madame de Villarçay, que je me refugierai, où loin de lui, je m'efforcerai d'arracher son souvenir de mon cœur, où ce Chamberlin, cet ennemi de mon repos n'osera venir me tourmenter.

Ainsi disait Clara en essuyant les larmes abondantes qui s'échappaient de ses yeux.

— Allons à cette ferme, où j'interrogerai cette Rose ; oui, je veux que ses lèvres me confirment mon malheur, la perfidie de Maurice.

Cette décision prise, madame de Melevale sonna un valet pour lui donner l'ordre de faire atteler une voiture sans bruit, voulant, dit-elle, se rendre secrètement à Blois. Un quart d'heure d'attente après que cet ordre eut été donné, et la jeune veuve quittait furtivement le château pour rouler vers la ferme de Lamoureux.

— Soyez la bien venue, madame, dit la fermière en voyant entrer Clara chez elle.

— Merci de votre bonne réception, ma chère Catherine.

— Madame est venue seule? demanda la fermière.

— Oui, Catherine, ne voulant déranger personne au château. Ayant appris que votre fille est ici en ce moment, et désirant la voir, je me suis mise en route et me voilà.

— Ah! combien madame est bonne et

que notre fille sera fière et heureuse de sa visite.

— Où donc est-elle, cette chère enfant?

— Dans le pavillon du jardin où je vais l'envoyer chercher.

— Non, Catherine, ne dérangez personne; je veux aller la surprendre, voir si elle me reconnaîtra depuis six ans qu'elle ne m'a vu.

— Oh! madame, vous la rendrez bien heureuse la chère enfant!... Dame, vous allez la retrouver un peu palotte; ce n'est pas d'une santé bien robuste, ça travaille tant dans ce Paris.

Clara, impatiente de se rendre auprès

Rose, écoutait à peine la fermière qu'elle quitta pour se rendre au pavillon où elle trouva Rose nonchalamment étendue sur une chaise longue et qui, à sa vue, s'empressa de se lever pour la recevoir tout en la regardant d'un air surpris.

— Vous ne me reconnaissez pas, Rose ?

— Maintenant oui, madame, et je suis heureuse de vous revoir.

— Asseyons-nous, chère fille, et causons ensemble.

— Très-volontiers, madame.

— Vous voilà donc de retour dans votre famille ?

— Pour quelque temps, madame.

— Qui vous a ramenée au milieu d'elle, que vous étiez venue voir il y a peu de temps?

— Un malaise que j'éprouvais, et mon médecin m'ayant conseillé l'air des champs comme une guérison infaillible.

— Ah! ainsi, nul autre motif ne vous a ramenée à la ferme?

— Pourquoi me demandez-vous cela? reprit la jeune fille en fixant la dame comme voulant lire dans sa pensée.

— Répondez Rose.

— Nul autre motif, madame.

— Amie, vous ne me dites pas la vérité.

— Mais, madame! fit Rose en rougissant.

— Rose, je connais le véritable motif de ce retour... Rose vous aimez et vous avez désiré vous rapprocher de Maurice.

— Quoi! vous savez madame? s'écria Rose avec surprise.

— Je sais, ma chère amie, et je vous plains du fond de mon âme, que Maurice a lâchement abusé de votre innocence, de votre tendresse pour lui.

— Hélas! madame! soupira Rose en baissant les yeux; et, en habile comédienne, elle appelait les larmes à son aide. Ce n'est que trop vrai, madame, mais Maurice m'aime, il a juré de m'aimer

toujours et il ne faillira pas à ce serment.
Ce matin, je lui ai écrit pour lui faire part
de mon retour et je l'attends ; il ne peut
tarder à venir, il est si bon, si sensible.

— Mais, Rose, qu'espérez-vous de cette
liaison ?

— Qu'il sera mon mari, répondit Rose
en jouant l'ingénue ; oui, mon mari, car
il faut absolument qu'il le devienne, autrement je n'aurai plus qu'à mourir de
regret et de honte.

— Imprudente enfant ! Oui, il faut que
Maurice vous épouse, qu'il répare son
crime ; je le lui conseillerai, je lui tien-
drai le langage de l'honneur ; espérez,

Rose, espérez !... Vous l'aimez bien, n'est-ce pas ?

— A la folie, madame.

— Et ce jeune homme est votre première inclination ?...

— Oh ! oui, le seul être que mon cœur ait aimé !

— N'importe, mon enfant, tout en l'aimant vous deviez résister à ses désirs, la sagesse vous en faisait un devoir.

— Hélas ! madame, j'ai fait tout ce que j'ai pu pour cela, mais il était si tendre, si pressant ; il jurait qu'il m'aimerait toujours, que je serais sa femme bien-aimée ; il m'embrassait avec tant d'amour que ma raison s'est égarée et je n'ai plus eu la force de lui résister.

— Le mal est fait, pauvre enfant! il ne s'agit plus que de le réparer, ce dont je vais m'efforcer. Rose, espérez, dit Clara en se levant pour prendre congé de Rose qui, avant de la laisser partir, s'empressa de lui demander comment il se faisait qu'elle était instruite d'une liaison qu'elle croyait secrète.

— Reconnaissez-vous cette lettre, Rose? répondit la dame.

— Oui, c'est celle que ce matin j'ai confiée à un monsieur du château, qui est venu se reposer ici, afin qu'il eut la bonté de la remettre à Maurice.

— Eh bien, cet homme est un perfide qui, abusant de votre confiance, s'est permis d'ouvrir cette lettre, que je lui ai ôté des mains à la crainte qu'il ne vous perde en la montrant à tout venant.

— Ah! le vilain et méchant homme! s'écria Rose d'une voix douce et peinée, tout en jurant intérieurement de tirer vengeance de la perfidie de Chamberlin.

Madame de Melevale quitta la ferme le cœur gros de soupirs et de larmes, car elle venait d'acquérir la preuve que ce Maurice, dont elle se plaisait à admirer les rares qualités, qu'elle prenait pour le plus candide, le plus innocent des hommes, n'était autre qu'un hypocrite, un lâche suborneur, et l'amour qu'il lui témoignait ne devait être qu'un piége qu'il tendait à sa vertu. De retour au château, Clara fut s'enfermer chez elle en attendant l'heure du dîner où elle voulait paraître, afin de se trouver en présence de Maurice et pouvoir l'accabler de son mépris et de son indifférence.

Durant l'absence que madame de Melevale venait de faire, une scène s'était passée au château entre M. Desrieux et sa sœur. Flora, trop agitée pour quitter son appartement, avait fait prier son frère de passer chez elle.

— Vous m'excuserez, mon cher Desrieux, de vous avoir dérangé, mais l'état d'agitation où je suis plongée me défend de quitter ma chambre, et j'ai absolument besoin de vous entretenir.

— En effet, ma pauvre Flora, te voilà rouge comme un homard et de tes yeux jaillissent des éclairs qui annoncent chez toi une violente contrariété. Voyons de quoi il s'agit, dit M. Desrieux en s'asseyant à côté de sa sœur.

— Mon ami, vous voyez en moi une malheureuse fille à laquelle il vient d'être fait le plus sanglant affront.

— Corbleu! qui donc, Flora, s'est permis de t'offenser, dis-le moi et je chasse cet insolent à l'instant, s'il est de ma maison.

— Cher frère, je n'attends pas moins que cette justice de votre part.

— Allons ! explique-toi vite.

— Mon frère, je vous ai déjà fait part du tendre sentiment qui s'est emparé de mon sensible cœur.

— Une extravagance, je sais cela, après.

— Mon frère, un polisson que je daigne honorer de mon attention auquel, pressée par la tendresse qu'il m'a inspiré, j'ai offert ma main, a eu l'audace de la refuser.

— En vérité ! Et ce polisson, qui ne veut pas devenir le mari de sa maman, se nomme Maurice, sans doute ?

— Lui-même, mon frère; comprenez-vous qu'un misérable parvenu, un mendiant que notre charité a ramassé sur la grand'route, que nous avons nourri de notre pain, ose refuser une femme telle que moi qui parle latin et grec? Vous riez mon frère; mais c'est indigne de votre part! Auriez-vous par hasard la faiblesse d'excuser ce drôle? de prendre son parti contre moi? de garder chez vous l'ingrat dont la conduite insolente excite mon indignation? s'écria Flora avec feu et colère.

Cette femme était subjuguée par la passion qui la dominait, à l'âge où elle cède ordinairement l'empire à la raison; il n'est pas étonnant qu'elle souffrit impatiemment les obstacles que Maurice opposait à ses désirs et que la haine succédât à sa tendresse pour le jeune homme.

— Répondez donc ! à quoi pensez-vous ? reprit-elle avec impatience en voyant son frère rester muet et pensif.

— Que vous êtes une extravagante, ma chère sœur, dont la folle et ridicule passion renverse mes plus chers projets. Flora, vous n'avez que ce que vous méritez. Quoi, vous ne rougissez pas à votre âge d'avoir de l'amour pour un jeune homme à peine sorti de l'enfance ? vous voulez que Maurice vous aime, mais la nature s'y oppose ; est-ce que le printemps peut aimer l'hyver ? il lui tourne le dos et a ma foi raison.

— Mais, mon frère...

— Laissez-moi parler, Flora. Dans votre injuste haine, vous traitez Maurice de mendiant et vous vantez de le nourrir de votre pain. Mais vous oubliez donc que ce pain il l'a gagné au centuple depuis qu'il habite votre toit, que par son activité, son excellente gestion, et par dessus tout sa probité, son dévoûment à nos personnes, il a presque doublé notre fortune? Que nous a-t-il demandé en échange de ses services? Rien que les choses indispensables à la vie : du pain un asile et de quoi se vêtir ; quand à de l'argent il n'a jamais voulu en accepter de nos mains, se disant trop heureux de se dévouer à nos personnes. Et vous osez appeler un homme comme celui-là un mendiant, un intrigant ! Ah ! fi ! ma sœur, car il y a honte et ingratitude de votre part en agissant de la sorte.

— C'est bien ! soutenez ce drôle, mais moi, qui le déteste, je vous certifie que si vous préférez cet indigne favori à votre sœur, je renonce à votre amitié ; je vous annonce même qu'il ne sera plus admis à notre table, ni dans les endroits où je me trouverai.

— Flora, ta conduite est indigne d'une femme de ton âge, elle te rendra la risée de chacun, je t'en préviens. Réfléchis donc à cela, chère sœur, avant d'exiger que je renvoie Maurice de notre demeure, que je me prive d'un ami, d'un enfant que je regardais comme faisant partie de notre famille. Demain, j'espère te trouver plus sage, plus humaine et entendre de bonnes paroles sortir de tes lèvres en faveur de ce pauvre Maurice.

— Ne l'espérez pas, mon frère; cet homme quittera votre maison ou je la déserterai moi-même. Choisissez donc entre lui ou moi.

— Vous êtes une insensée qui me fait pitié! s'écria M. Desrieux, avec colère tout en s'éloignant précipitamment.

De son côté, Maurice se désespérait dans sa chambre où il s'était enfermé, lorsqu'il entendit frapper à sa porte; c'était un valet qui lui apportait une lettre dont il s'empressa de briser l'enveloppe après avoir reconnu dessus l'écriture de Clara. Cette enveloppe renfermait deux lettres, et la première, tracée de la main de madame de Melvale, contenait ces lignes :

« Monsieur,

« Le hasard ayant fait tomber dans mes
« mains la lettre ci-jointe, décachetée et
« ouverte, je m'empresse de vous faire
« parvenir cette missive que vous adresse
« une personne qui vous est chère, qui
« vous aime et vous attend ; hâtez-vous
« donc, monsieur, de courir rassurer par
« votre présence l'intéressante jeune fille
« que l'honneur vous fait un devoir de
« consoler.

« Clara de Melevale. »

Maurice, troublé et tremblant, ouvrit la lettre de Rose, et, après l'avoir lue, un cri déchirant s'échappa de son sein.

— Perdu! perdu! s'écria-t-il en se laissant tomber sur son siége, d'où il se releva aussitôt pour quitter sa chambre et se diriger vers l'appartement de Clara, dont la chambrière lui interdit l'entrée en lui disant que sa maîtresse était indisposée et ne recevait personne.

Ce jour-là et le lendemain, la table du château ne compta pour convive que Chamberlin qui déjeuna et dîna tout seul. Pourquoi? parce que la discorde avait jeté son brandon au milieu de cette réunion d'amis, parce que ni Clara, ni Flora ne voulaient se trouver en présence de Maurice, que Maurice n'osait se présenter ni devant l'une ni devant l'autre, parce que M. Desrieux, chagrin et colère, s'était enfermé chez lui.

Le lendemain, de grand matin, après avoir supposé une affaire importante qui nécessitait sa présence à Paris, Clara ayant pris congé de son ex-tuteur et de Flora, quittait en silence le château sans que Maurice ni Chamberlin eussent été prévenus de ce départ précipité, dont la nouvelle plongea le premier dans la douleur en occasionnant chez l'autre autant de surprise que de dépit. Maurice, impatient d'apprendre comment il se pouvait que la lettre de Rose fut tombée toute ouverte entre les mains de Clara, se fit seller un cheval dans la journée et quitta le château pour prendre le chemin de la ferme. Enfoncé dans ses tristes réflexions et pensant à Clara, à cette femme chérie dont il venait de perdre l'estime et la confiance, il arriva à la ferme de Lamoureux sans s'être aperçu du chemin qu'il venait de franchir. Trouvant le fermier et la fermière absents, Maurice s'informa de Rose à la servante qui le recevait et apprit d'elle que sa jeune maîtresse devait être en ce moment au jardin, où elle se promenait avec un monsieur du château de Villebelle, lequel était arrivé à la ferme une heure avant lui.

— Que doit être ce personnage ? se demanda Maurice fort intrigué, tout en se dirigeant vers le jardin qu'il parcourut sans rencontrer celle qu'il cherchait.

Notre héros allait retourner à la ferme lorsqu'en passant devant le pavillon une voix, qu'il reconnut pour être celle de Chamberlin, frappa son oreille.

— Lui ici ! avec Rose, sans doute. Il la connaît donc? Mais alors ce doit être de la main de cet homme qu'est parti le coup qui me frappe si cruellement.

En pensant ainsi, Maurice s'approchait sans bruit de la porte du pavillon, que ceux qui s'y trouvaient avaient laissée entr'ouverte. Maurice, entendant parler, prêta l'oreille pour entendre le dialogue suivant :

— Je te répète, chère amie, que je lui ai remis ta lettre aussitôt arrivé au château, disait Chamberlin.

— Vous mentez, car s'il en était ainsi, Maurice serait aussitôt accouru près de de moi. Tenez, Chamberlin, on ne m'ôtera pas de l'idée que vous êtes un traître qui, en l'intention de prolonger notre liaison, avez escamoté ma lettre, afin de cacher mon retour à Maurice.

— Chère, je vous affirme qu'en cette circonstance je vous ai servi en ami, d'abord en faisant lire votre amoureuse missive à madame de Melevale, votre rivale, afin de l'indisposer contre Maurice ; ensuite, en priant cette dame de la lui remettre elle-même, ce dont elle s'est acquitté hier.

— S'il en est ainsi, je vous pardonne l'indiscrétion que vous avez commise en décachetant et en communiquant ma lettre... Ah! çà, qu'en a pensé cette femme?

— Vous ayant d'abord dépeint à ses yeux comme une innocente jeune fille, une vierge timide numéro un, comme une victime de la séduction de ce débauché de Maurice, Clara s'est indignée et a juré de rompre avec lui, cela à mon grand contentement, moi qui suis amoureux fou de cette beauté richissime !

— Hélas! pourvu que tout ce mic-mac n'ait pas indisposé Maurice contre moi?

— Çà, chère, quoi diable comptez-vous faire de ce petit bénet?

— Parbleu! mon mari.

— Quoi, tu voudrais renoncer à cette vie excentrique et joyeuse que tu mènes à Paris? abandonner le théâtre où chaque soir s'empresse de l'applaudir cette foule d'amants, amateurs de tes charmes? Mais il y aurait folie de ta part.

— Chamberlin, j'aime Maurice plus que je n'ai jamais aimé aucun homme; ensuite, cher, on n'est pas toujours jeune et jolie; ensuite les amants deviennent de jour en jour moins généreux et j'aime le luxe et les plaisirs.

— Fichtre ! j'en sais quelque chose, car, sans reproche, jolie coquine, tes faveurs m'ont coûté un prix fou.

— Dites donc, Chamberlin, voilà que vous reprenez l'habitude de me dire toi et je vous l'ai défendu.

— C'est juste, cela pourrait te... vous nuire, ma toute belle, et je me réfère. Mais je doute fort, chère Rosita, que tu... que vous veniez à bout de dissimuler vos fredaines passées à ce Maurice, quoique jusqu'alors il soit assez bénet pour croire à votre vertu, pour penser que c'est une chaste innocente qu'il a pressé dans ses bras, en votre gracieuse personne, fit Chamberlin en riant aux éclats.

— Voilà ce qui fera ma force, cher, pour l'amener au conjungo, reprit Rose.

— Hum! peut-être ne vous sera-t-il pas aussi facile de tromper ce garçon jusqu'au bout.

— Pourquoi pas ? voilà cinq ans que je mène joyeuse vie, et que mon père et ma mère me croient une sainte, répliqua Rose.

— Sambleu! il serait plaisant que ces bonne gens allant un soir au théâtre des Délassements-Comiques, reconnussent leur innocente fille dans la fringante actrice, en train de danser ce fameux cancan, échevelé, dont vous vous acquittez avec autant de grâce que de désinvolture.

— Chamberlin, soyez discret, laissez-moi conduire ma barque avec adresse et je réussirai quand même il me faudrait aller tomber en larmes aux pieds de monsieur Desrieux pour lui demander justice. Oh! je vous assure que je m'acquitterais de ce rôle avec adresse et talent.

— Alors, c'est que vous seriez meilleure comédienne à la ville qu'au théâtre, fit en riant Chamberlin.

— Vous êtes un impertinent, mon cher, répliqua Rose d'un ton piqué.

Maurice, dont le sang bouillonnait et qui n'avait pas perdu un mot de cet entretien, ne voulut pas en entendre davantage; fixé sur le mérite de Rose et voulant éviter un éclat, il se retira sans se montrer, rejoignit son cheval et partit au grand galop.

De retour au château, Maurice monta chez lui prendre sa boîte de pistolets et se remit en route afin d'aller attendre Chamberlin sur la route, à un endroit où elle traversait le bois. Deux heures d'une longue attente et notre jeune homme vit de loin s'avancer Chamberlin et le cheval sur lequel il était monté.

— Un mot, monsieur, lui dit brusquement Maurice qui s'était empressé d'aller à sa rencontre.

— A quel heureux hasard, mon cher Maurice, suis-je redevable de votre rencontre? demanda en souriant Chamberlin.

— A la visite que vous venez de faire à Rose Lamoureux.

— Ah ! ah ! vous êtes jaloux, cher?

— Dieu me garde de l'être d'une pareille fille... Mais j'ai entendu la conversation que vous venez d'avoir avec elle dans le jardin de la ferme, entretien qui a suffi pour éteindre l'amitié et l'estime que cette fille m'avait su m'inspirer sous des dehors honnêtes; entretien qui m'a dévoilé votre perfidie à mon égard, appris que c'est à vous seul que je suis redevable aujourd'hui de la perte de l'amitié de madame de Melevale, et c'est de cette lâche action que je viens vous demander raison, car vous ne devez pas ignorer que j'aime cette dame et que, m'ayant nui auprès d'elle, vous vous êtes fait de moi un ennemi.

— Vous avez tort de m'en vouloir pour cette espièglerie, mon cher; vous ne devez cependant pas ignorer qu'en amour comme en guerre un peu de ruse est nécessaire, dit certain opéra comique intitulé : *Les Rendez-vous bourgeois.*

— Trêve à vos plaisanteries, monsieur,

descendez de cheval et enfonçons nous dans le bois.

— Dans le bois ! Pourquoi cela ? fit Chamberlin que la peur commençait à saisir.

— Pour nous battre, répondit Maurice.

— Nous battre ! à coups de poings comme des goujats, fi donc !

— Soyez tranquille, monsieur, j'ai eu le soin d'apporter des pistolets.

— Mais alors, c'est un guet-à-pens que d'attendre les gens au milieu d'un bois pour leur brûler la cervelle !

— Allons, pas de paroles inutiles ; vous m'avez grièvement offensé, je veux que vous m'en rendiez raison... Suivez-moi.

— Monsieur, je ne sais pas me servir d'un pistolet, vu ma qualité de citoyen pacifique ; ensuite, je vous ferai observer que le duel est interdit par les lois, surtout le duel sans témoins où le vainqueur doit être accusé d'avoir assassiné le vaincu. Certes, que si vous tenez absolument à me tuer ou à ce que je vous tue, il faudra que je m'y décide, mais non seul à seul, ou remettons donc la partie à demain, afin de vous procurer lesdits témoins et de faire les choses de manière à ce que nous ne soyons inquiété ni l'un ni l'autre.

— Ainsi, demain, vous consentez à vous battre et m'en donnez votre parole?

— Je vous la donne, quoique en vérité ce soit pour bien peu de chose.

— Je ne pense pas de même, monsieur; n'importe, à demain votre duel, surtout n'allez pas oublier qu'à six heures du matin je vous attendrai ici, à cette place, avec mes témoins.

— Je n'aurai garde, mon cher Maurice. A propos, reprit Chamberlin en mettant son cheval au même trot que celui de Maurice, savez-vous qu'il faut que vous soyez diablement neuf et innocent pour avoir pris cette petite Rosita, autrement dire Rose, pour une vierge. Sachez donc que vous avez eu affaire à une de nos impures parisiennes des plus rouées, dont les amants qu'elle a trompé et ruiné se comptent par centaine. Croyez moi, méfiez vous de cette gaillarde-là dont l'intention n'est ni plus ni moins que de vous amener à l'épouser.

— Tout benêt que vous me jugez, monsieur, je ne le suis pas assez pour commettre une pareille sottise, pour me déshonorer au point de prendre pour compagne une pareille femme, le rebut de son sexe; oui, je plains du profond de mon cœur les honnêtes parents qui sont les dupes de son hypocrisie et mourraient de honte et de chagrin le jour où la conduite éhontée de leur fille leur serait dévoilée.

— Mon cher, vous êtes trop puritain, et, si je ne vous tue pas lors de notre duel, je vous conseille d'aller prendre l'air de Paris, afin de vous familiariser avec les us et coutumes de la société avec le demi-monde de cette vaste cité dont il fait la joie, peut-être alors deviendrez vous moins rigide envers nos lorettes et leur pardonnerez vous beaucoup.

Ce fut tout en causant ainsi que les deux rivaux rentrèrent à Villebelle. La paix, l'union et la tranquillité qui avaient régné entre le frère et la sœur étant rompus depuis trois jours, tout s'en ressentait dans le château qui était devenu triste et silencieux, car tous ceux qui l'habitaient se boudaient et s'évitaient ; M. Desrieux avait inutilement essayé de ramener Flora à la raison, à de meilleurs sentiments envers Maurice ; mais la vieille fille, qui ne pouvait pardonner à un homme de faire fi de sa personne et de son alliance, était demeurée implacable et persistait à demander, à exiger même l'exil de Maurice. M. Desrieux aimait son protégé, mais sa tendresse pour sa sœur l'emportait dans son cœur quoiqu'il blamât la conduite de Flora, il ne pouvait s'empêcher de la plaindre et il comprit dès lors qu'aussi longtemps que l'objet de sa passion et de sa haine serait sous ses yeux qu'il n'avait nul repos à attendre. D'un autre côté, aucune considération ne pouvait l'engager à abandonner un jeune homme pour lequel il se croyait obligé d'avoir les soins d'un père; aussi, se voyant contraint de l'éloigner de sa maison, contrainte qui l'affligeait fort, avait-il résolu de lui assurer un sort heureux et indépendant, de l'envoyer vivre à Paris où il espérait le rejoindre lorsque la fin du beau temps le forcerait de retourner passer l'hyver dans cette ville. Ensuite, l'excellent homme espérait que le temps et l'absence de Maurice parviendraient à rendre sa sœur plus raisonnable, et alors d'obtenir de cette dernière la réintégration du jeune proscrit sous son toit. Ce fut dans ces dispositions que M. Desrieux se rendit à l'appartement de Maurice qu'il surprit dans une chambre tristement assis devant une table et le visage caché dans les deux mains. Au bruit qu'il fit en entrant, le jeune homme releva la tête, et, apercevant son bienfaiteur, il s'empressa de se lever pour venir à sa rencontre.

— Maurice, lui dit-il, asseyons-nous et causons comme deux bons amis.

— Je vous écoute, monsieur.

— Mon enfant, en ne répondant pas aux désirs d'une extravagante, vous vous êtes attiré l'animosité de cette folle qui, pour se venger du dédain que vous faites de ses charmes surannés, exige que je vous éloigne de notre maison.

— Je m'attendais à cette disgrâce douloureuse à mon cœur, monsieur, mais quoiqu'il m'en coûte beaucoup de me séparer de mes bienfaiteurs, je me soumets à leurs volontés.

— Maurice, cette volonté n'est pas la mienne, croyez-le bien, et cette séparation ne m'afflige pas moins que vous; mais Flora est ma sœur, je déteste les querelles domestiques et je me résigne à regret à sa volonté. Mais n'allez pas croire, mon ami, que je vous abandonne; loin de là, car mes bienfaits vous suivront partout où il vous plaira de porter vos pas. C'est à Paris où vous allez vous rendre, où vous vivrez heureux et tranquille en attendan que je vous aie réconcilié avec ma sœur, à

Paris où j'irai vous visiter souvent, afin de vous entretenir de votre avenir, d'un certain projet que j'ai sur vous, lequel, j'en suis certain, vous conviendra fort... Allons, ne pleurez pas ainsi, Maurice, car votre douleur me fait mal, augmente mes regrets et me donne l'envie de résister aux exigences de ma sœur en vous gardant auprès de moi.

— Ah! ne faites pas cette injure à mademoiselle Desrieux, monsieur, et par excès de bonté pour un étranger gardez vous d'affliger la véritable amie que vous a donné Dieu. Oui, je partirai, je m'éloignerai puisqu'il le faut, mais croyez que mon cœur et ma pensée resteront éternellement auprès de vous.

— Oui, partez, cher enfant ; demain vous vous mettrez en route et je vais donner des ordres pour que rien ne vous manque... Maurice, embrassez-moi, embrassez votre père, fit le vieillard dont les yeux se mouillaient de larmes, et aux genoux de qui se précipita Maurice en sanglottant.

— Non pas à mes pieds, mais dans mes bras.

Maurice s'y précipita et les deux amis se tinrent longtemps pressés sur le sein l'un de l'autre.

— Que toutes les bénédictions du ciel te soient acquises, homme sensible et bienfaisant, murmura Maurice en voyant

M. Desrieux s'éloigner. Oui, reprit-il, je t'obéirai, je quitterai ton toit hospitalier et j'en emporterai le souvenir des heureux jours que j'y ai passé. Je suis jeune, je suis fort et ce n'est qu'à mon courage, à mon travail que je veux être désormais redevable de mon existence... Je partirai demain m'a-t-il dit! soit, mais en silence, en cachant les larmes que va me coûter cette cruelle séparation.

Ayant décidé ainsi, Maurice se mit à son bureau pour y tracer les lignes suivantes arrosées de ses larmes :

« Mes chers bienfaiteurs,

« L'objet de vos soins abandonne les
« lieux où sa présence désunit les cœurs

« de ses meilleurs amis ; il prie et ne ces-
« sera de faire des vœux pour vous qui
« l'avez secouru dans le malheur et aimé
« comme un fils. Je vous offre tout ce qu'il
« est dans ma puissance de vous accorder :
« les remerciements d'un cœur sincère
« pour les bontés que vous avez eues pour
« moi. Je supplie, au nom du ciel, made-
« moiselle Desrieux de vouloir bien me
« pardonner les chagrins que je lui ai cau-
« sés involontairement, et de les pardon-
« ner à celui qui ne cessera de penser à
« elle et de la chérir comme une mère.

« Mon cher bienfaiteur, les sommes
« dont votre confiance en moi m'ont rendu
« dépositaire sont enfermées dans la caisse
« dont je joins la clef à cette lettre ; elles

« s'élèvent à cent quatre-vingt mille francs
« et mes livres vous indiqueront la source
« de cet argent dont une partie m'a été
« remise par divers de vos fermiers, et l'au-
« tre qui provient de ventes de bois que
« vous m'aviez chargé d'opérer.

« Adieu, mes excellents amis, adieu ;
« peut-être vous reverrai-je un jour ; mais
« soyez certains qu'il ne s'en passera pas
« un seul sans que votre protégé ne prie
« Dieu de vous conserver heureux et con-
« tents. »

Cette lettre terminée, Maurice s'occupa
le reste de la journée à mettre ses comptes
en règle, puis ensuite à remplir une valise des effets qu'il possédait, en y joignant

une somme mille francs, en un billet de banque, que, quelques jours auparavant, M. Desrieux l'avait forcé d'accepter pour ses menus plaisirs.

Notre jeune homme passa la nuit sans sommeil à pleurer son bonheur détruit, c'est-à-dire ses bienfaiteurs, et surtout la perte de Clara qui s'était éloignée en emportant de lui le plus triste souvenir, celui du mépris.

Debout au lever du soleil, Maurice qui, au milieu de ses chagrins, de ses tribulations, n'avait pas oublié son rendez-vous et le duel qu'il devait avoir avec Chamberlin, quitta le château sur les cinq heures du matin et se dirigea vers le bois où il fut prendre dans sa maison un garde forestier qu'il connaissait, lequel, en qualité d'ancien soldat et trouvant la chose toute naturelle, consentit à lui servir de témoin.

Ce fut peine inutile, car Chamberlin ne se présenta pas, et après quatre longues heures d'attente, Maurice, qui avait perdu espoir et patience, se décida à quitter la place pour retourner à Villebelle, où il apprit, à sa grande surprise, que Chamberlin était parti la nuit en silence sans en prévenir qui que ce soit.

— Le lâche! fit Maurice qui regrettait le temps perdu et décidé de quitter le château ce jour même, sans même attendre que M. Desrieux le fit mander, monta chez lui pour y prendre sa valise avec laquelle il s'échappa, en soupirant, à travers les avenues du parc.

Le bon Desrieux qui s'était levé ce jour-là avec le projet de communiquer à Maurice le dessein qu'il nourrissait depuis quelque temps de l'unir à sa pupille Clara de Melevale, se rendait à l'appartement du jeune homme, lorsque le valet qui avait été chargé du service spécial de Maurice courut après lui dans le corridor pour lui remette la clef du cabinet de travail du jeune homme que ce dernier lui avait confiée, en recommandant de ne la remettre qu'à lui. Le vieillard, surpris de cette recommandation et pressentant quelque malheur, se hâta de se rendre chez son protégé sur le bureau duquel une lettre à son adresse, celle enfin que lui avait écrite Maurice, frappa aussitôt sa vue.

— Parti! il est parti, sans m'en prévenir, sans seulement m'embrasser ni me dire où il va. Ah! le méchant enfant qui refuse jusqu'à mes bienfaits. Mais que va-t-il devenir, sans amis, sans argent?

Tout en disant ainsi, M. Desrieux agitait les cordons de sonnettes pour donner l'ordre à ses gens de monter à cheval, de courir sur toutes les routes à la recherche de Maurice, et de le lui ramener de gré ou de force. Ce fut ensuite chez sa sœur qu'il dirigea ses pas, chez laquelle il entra le visage renversé et tenant la lettre de Maurice à la main.

— Il est parti, parti sans rien dire. Lisez, lisez cette lettre qu'il nous adresse pour adieux, dit-il d'une voix émue et les larmes aux yeux.

Le chagrin et la honte qu'eut Flora à la lecture de cette lettre se manifesta dans son maintien et dans ses regards. A la fin et faisant tous ses efforts pour paraître calme, elle s'écria d'une voix tremblante :

— Il est parti! je suis bien aise qu'il en soit ainsi!

Mais les larmes qui s'échappèrent aussitôt de ses yeux prouvèrent le contraire.

— Quoi, vous êtes bien aise, madame,

d'avoir déshonoré votre sexe et vous-même? répartit le frère avec colère ; vous êtes bien aise qu'une passion déplacée ait jeté un excellent jeune homme dans un monde pervers! Errant, sans amis, sans secours ni argent, car ce noble cœur a respecté celui que j'avais mis sous la garde de sa probité. Flora, à quels dangers avez-vous exposé l'enfant que la Providence avait placé sur notre passage pour le secourir et l'aimer? Fi, ma sœur, fi ; ayez honte de votre faiblesse, vous que j'ai toujours traitée comme ma fille adoptive ; était-ce pour oublier que vous-même, sans mes bienfaits, vous eussiez senti les maux auxquels est exposée l'orpheline dénuée de soutiens paternels? Songez au pauvre orphelin dont vous faites aujourd'hui le malheur

Vous ai-je sacrifié ma jeunesse pour me faire regretter dans ma vieillesse des liens que j'aurais formés, si l'amitié que j'avais pour vous ne m'en eût empêché? Flora, c'est mal à vous de me priver d'un ami, de mon bâton de vieillesse, de répandre l'amertume sur le déclin de mes jours.

L'amour, qui raffine les tendres sensations de l'âme quand il enflamme deux cœurs du même feu, avait produit un effet différent dans celui de notre vieille fille; car le dépit d'aimer sans être payée de retour avait suscité dans son âme les fureurs de la haine, et, pour la première fois, la vengeance l'emporta sur la pitié.

— C'est moi qu'il fuit, l'ingrat! s'écria-t-elle d'une voix étouffée par la colère;

que m'importe le sort que lui réserve l'avenir! Il était temps qu'il quittât cette maison où ce monstre a semé la discorde; c'est à lui que je dois les reproches d'un frère, et je ne lui pardonnerai jamais!

— Comme il vous plaira, ma chère sœur. Quant à moi, comme je regarde Maurice comme le plus probe et le plus reconnaissant des hommes, mon amitié et ma protection lui sont acquises pour toujours, ne vous en déplaise.

Sur ce, M. Desrieux sortit sans plus en dire et fut s'enfermer chez lui en attendant le retour des courriers qu'il avait expédiés sur les traces de Maurice, et qui tous rentrèrent les uns après les autres sans avoir pu rejoindre le fugitif.

III

Maurice qui se doutait que M. Desrieux ne manquerait pas d'envoyer à sa poursuite aussitôt qu'il serait instruit de son départ, s'était empressé, sa valise sur l'épaule, de se rendre à l'auberge du père Locret, qui était située à deux lieues du château de Villebelle, la même où il avait fait la rencontre de Chamberlin, ce fameux jour de la pluie.

L'intention du jeune homme était de se tenir caché dans ce lieu un couple de jours, puis de se diriger ensuite et nuitamment vers l'embarcadère du chemin de fer qui devait le conduire à Paris où il voulait se rendre, en l'espoir de chercher et de trouver dans cette grande ville, dont on lui avait dépeint les ressources, un emploi qui lui permît de subvenir à ses besoins.

Le lendemain de son séjour dans cette auberge et sur le soir, un voyageur y arriva en chaise de poste et demanda une chambre pour passer la nuit, parce que, se sentant indisposé, il n'osait continuer sa route en la crainte de voir empirer son malaise, surtout la nuit et sur une grande route. Cet homme, dont les manières, le langage et la mise annonçaient un personnage important, s'installa sur un siége et au coin de la cheminée dans laquelle brillait un bon feu que nécessitait la fraîcheur de la soirée, car on touchait alors à la fin de septembre. Maurice occupait l'autre coin de l'âtre et observait en silence le voyageur qui promenait autour de la salle enfumée de l'auberge des regards peu satisfaits.

— Cette auberge me paraît peu confortable, monsieur, dit-il en s'adressant à

Maurice avec lequel il était seul en ce moment.

— Peu luxueuse en effet, monsieur, car celui à qui elle appartient n'y fait pas fortune, cette auberge se trouvant située sur une route très-peu fréquentée depuis que le chemin de fer s'est établi à une lieue d'ici. En tous cas, monsieur, si la maison n'est pas élégante, la propreté y règne, et je vous donne son propriétaire pour un fort honnête homme.

— Vous le connaissez depuis longtemps? s'informa l'étranger.

— Depuis près de deux ans que j'habite ce pays.

— Ah! vous êtes du pays?

— Oui, monsieur, mais je le quitte pour aller habiter Paris... mais vous tremblez, la fièvre vous tourmente, vous brûle, je m'en aperçois; permettez, monsieur, que j'aille presser notre hôte qui, en ce moment, aidé de sa servante, vous prépare votre chambre.

L'étranger ne répondit pas à cette proposition, car il s'évanouissait, et Maurice n'eut que le temps de le retenir dans ses bras, pour appeler ensuite l'aubergiste à son aide, lequel accourut, et qui, aidé par le jeune homme, transporta le malade dans la chambre qui lui avait été préparée. Maurice s'empressa de déboutonner l'étranger afin de lui donner la respiration plus facile, puis de lui administrer tous les secours capables de rappeler sa connaissance.

— Père Locret, il vous faut monter à cheval et courir chercher le médecin, car cet évanouissement qui résiste à nos soins m'inquiète beaucoup; allez vite, tandis que je vais veiller sur ce monsieur.

L'aubergiste ne se fit pas répéter deux fois l'invitation, car cinq minutes plus tard il courait le galop sur la route. Il s'agissait de faire une grande lieue pour atteindre la demeure du docteur. Maurice, resté seul auprès du malade, s'empressa de le déshabiller pour le porter dans le lit, au chevet duquel il se plaça.

— Qu'est-ce que cela? se dit le jeune homme en ramassant un portefeuille volumineux qui s'était échappé de la poche de l'étranger tandis qu'il le déshabillait ; lequel portefeuille il s'empressa vivement d'enfermer dans une armoire dont il mit la clef dans sa propre poche.

Trois heures d'attente, et le médecin arriva pour examiner le malade et le déclarer en danger, faire son ordonnance et recommander les plus grands soins.

— Monsieur Maurice, qu'est-ce que je vais devenir avec cette pratique là, moi qui suis forcé de passer les trois quarts de la journée aux champs? Jamais Toinon, ma servante, qui est une véritable buse, ne saura soigner ce pauvre homme.

— Père Locret, l'humanité nous ordonne de secourir notre prochain quand il souffre ; or, comme rien d'assez pressé ne m'appelle à Paris pour que je ne puisse retarder mon voyage de trois ou quatre jours, s'il les faut passer ici à soulager monsieur, eh bien, j'y consens.

— Ah, jarni! vous êtes bien le plus excellent jeune homme que je connaisse! Vous êtes aussi généreux que vous êtes honnête homme, aussi êtes-vous aimé et estimé de chacun dans le canton... Tenez monsieur Maurice, votre absence du pays va chagriner tout le monde, et au lieu de le quitter, d'abandonner ainsi que vous vous le proposez ce bon M. Desrieux qui vous aime tant, vous devriez retourner au château où votre retour mettrait tout le monde dans la joie.

— Locret, si je ne consultais que mon cœur, je suivrais votre conseil; mais cela ne m'est pas permis, répondit Maurice en soupirant.

— Mais que s'est-il donc passé? Quoi diable vous force à quitter une maison où vous êtes aimé ni plus ni moins que si vous étiez le fils de ses maîtres?

— Mon ami, ne m'interrogez pas, je ne

puis vous répondre, mais croyez que ce n'est pas sans qu'une raison importante ne m'y contraigne que je me sépare de mon bienfaiteur pour aller vivre loin de lui.

Ainsi causaient Maurice et Locret au pied du lit du malade, après le départ du médecin.

Le lendemain, l'étranger était au plus mal; l'homme de l'art annonça qu'il ne passerait pas la journée. Cependant, en dépit de cette funeste prédiction, le malade, vers le milieu de la journée, fit un mouvement et ouvrit des yeux mourants qui rencontrèrent ceux de Maurice qui, penché sur lui, lui bassinait le front et les tempes avec de l'eau fraîche, ainsi que l'avait ordonné le docteur.

— Je suis un homme perdu, murmura le moribond d'une voix faible, à qui Maurice s'efforça de rendre l'espoir et le courage.

— N'essayez pas de m'abuser, mon jeune ami, car, quoique souffrant horriblement et ne pouvant parler, j'ai tout entendu, même l'arrêt qui me condamne aujourd'hui.

— Les arrêts de la faculté, monsieur, ne sont pas infaillibles, dit vivement Maurice.

— Celui que j'ai entendu ne faillira pas, je le sens ; or, ne perdons pas un temps précieux en vaines paroles. Écoutez un mourant, vous, qui, sans me connaître, avez eu pitié de moi et me prodiguez vos soins et vos veilles.

— Parlez, monsieur.

— Il y a dans une de mes poches un portefeuille renfermant en billets de la banque une valeur de cinq cent mille francs qui appartiennent à madame la marquise de Livry dont je suis l'ami; cette dame attend cette somme qui lui est absolument nécessaire pour satisfaire à un engagement sacré, d'honneur; il la lui faut sous deux jours; vous que je sais un honnête homme, voulez-vous la lui porter et, pour cela, partir aujourd'hui même?

— Vous abandonner en l'état où vous êtes, monsieur, mais c'est impossible !

— Jeune homme, ne me refusez pas ; cette somme peut s'égarer.

— Soyez sans inquiétude à ce sujet, monsieur ; j'ai mis votre portefeuille en sûreté et j'en réponds

— Mon ami, laissez-moi mourir seul et partez, je vous en supplie ; songez que madame la marquise attend, qu'elle s'inquiète, que mon retard la désespère, et elle est si bonne ! Au nom du ciel, ne me refusez pas le service que je réclame de votre obligeance !

— Puisque vous l'exigez, je cède, monsieur; veuillez donc m'indiquer la demeure de cette dame à Paris.

— Partez; en route vous ouvrirez le portefeuille et trouverez tous les renseignements qui vous sont nécessaires. Allez, allez vite, mon ami, et que Dieu vous récompense.

Ces paroles dites et ses forces étant épuisées, le malade ferma les yeux et retomba dans une immobilité à laquelle les soins empressés de Maurice furent impuissants pour l'arracher.

Alors, obéissant aux volontés de ce malheureux :

— Ça sera obéir à la volonté de Dieu

qui me l'a envoyé pour le secourir et le servir.

En disant ainsi, Maurice allait trouver l'aubergiste pour lui annoncer qu'il allait partir à l'instant, parce qu'il s'agissait de rendre un grand service au malade, service dont il venait de le charger.

A cette nouvelle, Locret exposa à Maurice l'embarras dans lequel il allait le laisser en lui laissant le mourant sur les bras.

— Jarni, si cet homme meurt, comme il y a tout à parier, qui me paiera les frais de la maladie et son enterrement; enfin, qui m'indemnisera de mes peines ?

— Mon père Locret, vous ne réfléchissez sans doute pas qu'il y a sous votre hangar la superbe chaise de poste qui a amené ce monsieur, et dans la chambre de cet homme une énorme valise toute pleine d'effets, une magnifique montre en or au clou de la cheminée, et sur cette dernière une bourse pleine d'or. Ainsi vous n'avez donc rien à craindre. Faites donc les choses très-convenablement si ce malheureux vient à mourir. Quant à moi qui vais à Paris trouver de sa part une dame de ses amies, afin de lui remettre des papiers importants, je m'engage à prévenir cette dame de la position dans laquelle vous vous trouvez et de vous faire rembourser généreusement.

Locret, ainsi rassuré, consentit à laisser

partir Maurice, lequel, nanti du riche portefeuille, se mit en route pour diriger ses pas vers le chemin de fer qui, dans la soirée du même jour, le déposa sans encombre à Paris.

Maurice, qui avait toujours vécu dans une paisible campagne, et, en fait de ville, ne connaissait que Blois, sentit le vertige lui monter à la tête lorsqu'après avoir quitté le débarcadère et fait quelques pas dans la ville, il se trouva lancé au milieu de tout ce monde, de ce bruit, de ces voitures, de ces mille et mille lumières. Effrayé, non pour lui, mais pour les riches valeurs dont il était le dépositaire, notre jeune homme résolut de prendre une voiture et de se faire conduire aussitôt à la

demeure de la marquise de Livry, afin de
se décharger au plus vite du portefeuille
et de sa responsabilité.

Cette dame habitait la rue de Courcelles
située faubourg Saint-Honoré, et il ne
s'agissait de rien moins, pour atteindre
cettre cette rue, que de traverser tout Paris.

Maurice se réfugia dans un fiacre dont
le cocher, se lon la coutume de ses semblables, commença par se plaindre de la
longueur de la course, mais qui, forcé de
se conformer au règlement, ne se mit pas
moins en route. Maurice, par la portière
du fiacre, regardait attentivement circuler cette population compacte, se dérou-

ler devant ses yeux les édifices, les maisons gigantesques, les riches magasins tout resplendissants d'or et de lumière, et sa surprise était extrême.

Trois quarts d'heure passés en voiture, et cette dernière ayant atteint la rue de Courcelles, déposa Maurice à dix heures du soir devant la porte d'un riche hôtel. Après avoir congédié le véhicule, le jeune homme s'introduisit dans la riche demeure dont le concierge, du siège moelleux dans lequel il dormait, s'informa de ce qu'il voulait.

— Monsieur, je désire parler à madame la marquise de Livry.

— Il est trop tard, madame ne reçoit

pas à pareille heure ; revenez demain, mon cher.

— Monsieur, j'arrive à l'instant de Blois, et suis chargé par M. le baron de Brécy d'une commission de la plus haute importance auprès de madame la marquise ; ce que j'ai à dire à cette dame ne souffre pas de retard ; or, prenez garde, en me refusant l'honneur de la voir, de commettre une grande faute et de l'indisposer contre vous, fit Maurice d'une voix sévère.

Le concierge qui, au nom du baron de Brécy, s'était empressé de se lever, du ton le plus soumis s'approcha de Maurice la casquette à la main :

— Monsieur, je suis désolé de ne pouvoir vous satisfaire, mais madame la marquise de Livry est ce soir à l'Opéra et ne rentrera que très-tard, dit-il.

— N'importe, monsieur, j'attendrai son retour ici, dût-elle ne rentrer que fort avant dans la nuit. Permettez-moi donc de m'asseoir, car je ne vous cacherai pas que je suis très-fatigué.

— Faites, monsieur, s'empressa de répondre le concierge en avançant vivement une chaise sur laquelle Maurice se plaça.

— Il paraîtrait qu'il s'agit d'une affaire très-pressée, puisque monsieur ne peut attendre à demain pour parler à madame la marquise? reprit curieusement le Pipelet.

— Très-pressée et de la dernière importance, monsieur.

— Ainsi, vous connaissez ce bon M. de Brécy?

— Je le connais, fit Maurice.

— Alors, monsieur, veuillez me donner des nouvelles de sa santé dont tout le monde ici est fort inquiet, vu que M. le baron, qui devait être de retour ici il y a deux jours, n'est point encore arrivé.

— M. le baron a été arrêté en route par la maladie.

— Il est malade !

— Très-malade, et peut-être en ce moment a-t-il rendu son âme à Dieu.

— Oh ciel ! que va dire madame la marquise ? elle qui aime tant son frère ! s'écria le concierge.

— M. le baron de Brécy est donc le frère de votre maîtresse ? demanda Maurice.

— Oui, monsieur, son propre frère, son ami. Ah ! combien cette nouvelle va désespérer madame.

— Calmez-vous, monsieur ; quoique le baron soit au plus bas et même condamné par la médecine, il peut s'opérer chez lui un heureux miracle, car enfin il respirait encore lorsque je l'ai quitté ce matin.

— Le Ciel vous entende! monsieur, car ma pauvre maîtresse, dont la santé n'est pas des meilleures, aurait grande peine à supporter le coup funeste que lui porterait la perte de son frère.

— Alors, ménageons madame la marquise, en ne lui avouant pas tout de suite l'état désespéré où se trouve monsieur son frère, sans pourtant lui cacher sa maladie, dit Maurice.

— Vous avez raison, monsieur, car il est toujours temps d'apprendre une mauvaise nouvelle, et le plus tard est toujours le mieux, observa fort judicieusement le concierge.

Une heure sonnait comme le bruit d'une voiture vint troubler le silence de la rue.

— Voilà madame! s'écria le concierge en se levant pour courir ouvrir la porte cochère à la voiture qui entra dans la cour pour aller s'arrêter devant un vaste perron.

— Madame la marquise, il y a dans ma loge un jeune homme qui désire absolument vous parler ; il arrive de Blois et vous est envoyé de la part de M. le baron de Brécy, votre frère, dit le concierge à la dame comme elle descendait de voiture.

— De la part de mon frère ! faites entrer cet homme, répondit vivement la dame, femme de quarante-cinq ans, d'une figure noble et belle, empreinte d'une expression de noblesse et de fierté.

Maurice fut introduit dans de vastes et somptueux appartements, où, dans une chambre à coucher, il salua respectueusement la marquise qui l'attendait.

— Vous êtes envoyé par mon frère, monsieur? dit la dame en examinant attentivement le jeune homme de la tête aux pieds.

— Oui, madame, par M. le baron de Brécy qui, s'étant trouvé indisposé à Blois et voulant se reposer, et sachant que je me rendais à Paris, m'a chargé de vous remettre ce portefeuille qui renferme, m'a-t-il dit, une somme de cinq cent mille francs que j'avais hâte de remettre en vos mains, madame. Veuillez compter et vous assurer par vous-même que cette somme est intacte.

En disant, Maurice avait donné le portefeuille à la marquise.

— Je n'ai nul besoin de compter, monsieur ; du moment que mon frère vous a jugé digne de ce dépôt je suis certain qu'il n'y manque rien.

—De grâce, madame, pour ma propre satisfaction, veuillez compter, reprit Maurice.

— Puisque vous l'exigez, monsieur, je me rends à votre désir.

— Je n'exige pas, madame, je prie.

— Le compte y est, voilà bien cinq liasses de cent mille chacune.

— Maintenant, madame, veuillez m'excuser d'être venu vous importuner à pareille heure; mais je vois Paris pour la première fois, cette ville m'est donc totalement étrangère, et je m'y trouvais mal à l'aise avec ce portefeuille dont j'étais nanti et responsable; ma mission étant remplie, je me retire, madame, en vous priant d'accepter mes salutations respectueuses.

— Un instant, monsieur ; je ne vous tiens pas encore quitte, car vous oubliez de me renseigner sur la position de mon frère que vous avez quitté indisposé, m'avez-vous dit? Parlez, comment connaissez-vous le baron ? où l'avez-vous quitté?

— M. le baron de Brécy revenait à Paris, lorsqu'une indisposition subite l'a contraint de s'arrêter dans une auberge située sur une route fort peu fréquentée et située à une lieue et demie de Blois, dans laquelle j'attendais l'heure de me rendre au chemin de fer qui devait m'amener à Paris. M. le baron fut forcé de prendre le lit, et je m'empressai d'appeler un médecin, lequel, après avoir examiné le malade, lui ordonna un repos de plusieurs jours, sous peine d'aggraver sa position. Ce fut alors, madame, que monsieur votre frère daigna m'accorder sa confiance, en récompense sans doute de quelques soins que je lui ai donnés, et qu'il m'a prié de vouloir bien vous apporter cet argent que vous attendiez, dont la possession vous était urgente.

— Malade! il faut qu'il faut qu'il souffre beaucoup, lui, homme d'énergie, pour avoir consenti à s'arrêter en chemin..... Monsieur, veuillez me dire le nom du village où vous l'avez laissé, car je veux, je dois y courir afin de lui prodiguer mes soins, dit la marquise affligée et tremblante.

Cette auberge qu'habite M. le baron

se trouve située entre Villebelle et Blois, et l'endroit se nomme les Ombries, répondit Maurice.

— Merci, monsieur, je vais à l'instant me mettre en route.

— Je pense, madame, que vous pouvez vous éviter cette peine, d'autant mieux que j'ai laissé M. le baron sous la garde de l'aubergiste que je connais depuis longtemps pour un honnête homme et un être fort obligeant.

— J'aime à vous croire, monsieur, mais les soins de cet aubergiste ne peuvent valoir ceux d'une tendre sœur ; ne soyez donc pas surpris si je persiste dans ma résolution. Quant à vous, monsieur, ma maison vous est ouverte, et c'est avec plaisir que je vous verrai la fréquenter.

— Vous êtes mille fois bonne, madame, mais je craindrais de me rendre indiscret.

— Venez, vous dis-je, et je vous recevrai comme doit être reçu un honnête homme. Quel pays habite votre famille? reprit la marquise?

— Je n'ai plus de famille, madame, je suis seul au monde.

— En vérité! fit la dame avec intérêt. Eh bien, ici, vous trouverez des amis qui se feront un plaisir de la remplacer. Comment vous nommez-vous et quel est votre âge?

— Je me nomme Maurice Dupuis, madame, et j'ai vingt-un ans.

— Eh bien, monsieur M urice, au revoir et surtout à bientôt, fit la marquise en présentant sa main au jeune homme qui la pressa respectueusement pour se retirer ensuite, et qu'un valet reconduisit jusqu'à la porte de la rue, un candelabre à la main.

— Comme cette rue est déserte et triste! où diable vais-je trouver un gîte à pareille heure, et auprès de qui me renseigner?

Tout en disant ainsi, Maurice descendit au hasard, la rue de Courcelles et atteignit le faubourg Saint-Honoré où il se trouva bientôt face à face avec deux sergents de ville en train de faire leur ronde nocturne.

— Pardon, messieurs, mais je ne connais nullement Paris où je suis arrivé ce soir pour remplir une commission importante auprès de madame la marquise de Livry. Je sors de chez cette dame dont il m'a fallu attendre le retour de l'Opéra, ce qui m'a empêché de m'assurer d'un logement pour cette nuit, ne pourriez-vous m'indiquer où je trouverais une auberge, dit Maurice aux sergents, lesquels, d'habitude fort obligeants envers le public, s'empressèrent de lui indiquer et de le

conduire même à la porte d'un hôtel garni
où il fut reçu très-poliment et installé dans
une chambre, moyennant vingt francs
payés à l'avance, vu son manque d'effets,
sa valise étant restée au chemin de fer où
il devait l'envoyer chercher le lendemain.

Il était près de trois heures du matin
lorsque notre héros se mit au lit, où le
sommeil, malgré la fatigue qui l'accablait,
refusa de clore sa paupière d'où le chas-
saient les tristes pensées que lui inspirait
sa position, la perte de Clara et le souvenir si cher de son excellent et respectable
bienfaiteur, dont l'amour ridicule d'une
vieille folle l'éloignait sans doute pour
toujours.

IV

Maurice, habitué à saluer le premier rayon du soleil, se leva sur les six heures, s'habilla, et, curieux de faire d'abord connaissance avec Paris, il quitta son hôtel pour s'élancer dans la rue en marchant au hasard. Ses pas le conduisirent aux

Champs-Élysées. Frappé à la vue de cette délicieuse promenade et des riches hôtels qui l'entourent, il resta en admiration et fut quelque temps incapable de poursuivre son chemin ; puis, réfléchissant que tout ce qui l'environnait servait aux avantages ou aux amusements des riches, il se mit à soupirer, à jeter un coup d'œil sur sa position personnelle, son isolement et sa pauvreté.

— Hélas! soupira-t-il en se laissant tomber sur un banc, que vais-je devenir sans amis, sans conseils, sans personne qui s'intéresse à moi! Qui s'occupera d'un malheureux dont l'existence n'intéresse personne? où sont mes parents? à qui dois-je l'existence? Dieu seul le sait. Ah!

Clara, pourquoi m'avez-vous banni de votre cœur et de votre présence? Ah! si je pouvais vous revoir un jour, j'oublierais alors tous les maux qui m'accablent, car votre image rendrait le calme à mon cœur!.. Rose, indigne courtisane, c'est à toi que je suis redevable du mépris de la femme estimable dont l'amitié remplissait mon cœur de bonheur et de joie.

Après avoir ainsi déploré son sort, et voyant que la promenade s'animait, Maurice, faisant un effort sur lui-même, s'arracha brusquement à ses tristes pensées, quitta le banc et se remit en marche pour se diriger vers les Tuileries, puis les quais, enfin pour se perdre au hasard dans le labyrinthe inextricable des rues de Paris, où, à chaque pas, croissaient sa surprise et son admiration.

Le soir étant venu, notre héros, brisé de fatigue et après s'être fait renseigner sur le chemin qu'il avait à suivre, regagna son hôtel situé rue du Colisée, où il rentra sur la brune, en l'intention de se mettre au lit et de passer une meilleure nuit que la précédente.

Maurice, dont la chambre se trouvait située au quatrième étage, dans un long corridor sur lequel donnaient plusieurs portes, se disposait à ouvrir la sienne, lorsqu'un jeune homme barbu, en robe de chambre, qui sortait d'une chambre voisine, s'avança au-devant de lui un bougeoir à la main, pour le prier, de l'air le plus gracieux, de lui prêter quelques allumettes chimiques dont il se trouvait dépourvu.

— Mon Dieu, monsieur, je suis désolé de ne pouvoir satisfaire votre demande, mais, arrivé d'hier et ne fumant pas, je manque de tous ces petits objets nécessaires dans un intérieur.

— Quoi, voisin, vous êtes un nouveau débarqué?

— Oui, monsieur, de la nuit dernière.

— Vous venez de loin?

— De Blois?

— Et c'est sans doute un voyage d'agrément que vous venez faire à Paris ?

— Hélas! non; mais bien de nécessité, afin d'y chercher un emploi.

— Allons, je vois que, ainsi que moi, vous êtes un infortuné prolétaire condamné à piocher du matin au soir pour gagner son pain; or, en qualité de confrère, veuillez entrer un instant dans mon humble réduit, où nous serons beaucoup plus commodément que sur ce carré, pour nous faire amicalement nos mutuelles confidences.

Maurice, à qui plaisait la figure riante de son voisin, et qui depuis la veille n'avait trouvé âme qui vive à laquelle il pût adresser la parole, accepta l'offre et suivit le voisin dans la chambre qu'il occupait, où ce dernier lui avança un siège.

— Çà, mon voisin, j'espère que vous ne refuserez pas d'accepter un verre de rhum excellent dont m'a fait présent dernièrement une dame de mes amies.

— Volontiers et à charge de revanche, répondit Maurice.

Le rhum en question fut aussitôt servi.

— Çà, voisin, tout en buvant, faisons connaissance, car vous me paraissez être un estimable garçon.... Comment vous nommez-vous ?

— Maurice Dupuis.

— Moi, Alexandre Robichon, courtier d'agent de change, célibataire et bon vivant... Et vous, quelle est votre profession ?

— Je n'en ai pas ; jusqu'alors, mon occupation a été celle de gérant des biens d'un riche propriétaire.

— Diable! vous devez avoir amassé une jolie petite pelotte à ce métier-là ?

— Rien, monsieur, car ce propriétaire était mon bienfaiteur, et je me serais fait un scrupule de lui faire le moindre tort.

— Allons, vous êtes un honnête garçon et vous me plaisez; car, ainsi que vous, je suis incapable tromper qui que ce soit; il n'y a que ma bours que je me permets de piller sans raison ni pitié, ce qui fait qu'elle est souvent à sec... Ainsi, vous dites donc que vous venez chercher fortune à Paris ?

— Comme vous le dites.

— Faire fortune ici, rien de plus facile; mais pour cela il faut être par dame nature d'une conscience pas mal élastique, autrement il faut se résigner à végéter et souffrir. Ça, quelle sorte d'emploi désirez-vous obtenir ?

— N'importe lequel, pourvu qu'il me procure de quoi satisfaire à mes besoins.

— Vous êtes peu ambitieux, mon cher,

et je pense vous trouver sous peu ce mo deste emploi.

— Combien je vous serai reconnaissant, monsieur.

— Connaissez-vous beaucoup de monde à Paris?

— Personne.

— Votre famille habite la province?

— Je n'ai pas de famille.

— Moi j'en possède une qui est très-nombreuse et surtout très-pauvre, c'est donc comme si je n'en avais pas.

— Alors, vous vivez seul? demanda Maurice.

— Seul avec quelques bons amis et mes maîtresses que je renouvelle le plus souvent possible.

— Vous êtes donc inconstant?

— Comme vous le deviendrez, mon cher, lorsque vous connaîtrez nos petites dames de Paris, et qu'elles vous en auront donné l'exemple... Mais vous, n'avez-vous pas aussi abandonné quelque jolie maîtresse dans votre pays ?

— Oui et non, répondit Maurice.

— Je ne vous comprends pas.

Maurice alors se mit à raconter à Robichon ses amours avec Rose et Clara de Mellevale.

— Diable! mais il faut vous venger de cette petite rouée et tâcher de vous justifier auprès de la grande dame. Si vous voulez, mon cher Maurice, je vous aiderai dans cette affaire. Quand à la vieille fille à qui vous êtes redevable de la perte de votre bienfaiteur et de votre position, contentons-nous de la plaindre, car nous ne pouvons rien pour elle, la reconnaissance nous faisant un devoir de respecter sa faiblesse.

— Ne trouvez-vous pas, monsieur Robichon, que je suis l'homme le plus malheureux du monde?

— Mais non ; vous êtes jeune, aimable, instruit, joli garçon; or, en voilà plus qu'il n'en faut pour devenir le protégé des femmes et parvenir.

— Les femmes! ah! je ne veux avoir désormais nulles relations avec elles; elles m'ont rendu trop malheureux, soupira Maurice.

— Parce que vous êtes un innocent; mais je me charge de votre éducation, de vous styler, et ce sera à votre tour de leur imposer votre volonté.... Tenez, demain soir, je suis convoqué pour assister à un souper de femmes, et je veux vous y mener. Les convives hommes que nous y rencontrerons sont tous garçons d'esprit, des cœurs d'or et des viveurs; quant aux femmes, vous écouterez et jugerez; surtout, ne prenez pour argent comptant ni leurs sourires, ni leurs doux langage, et rappelez-vous que sous leurs caresses de chattes il y a des griffes qui égratignent.

— Mais quelles sont donc ces femmes, alors? demanda Maurice surpris.

— Celles que nous qualifions du titre d'impures, enfin de belles et joyeuses Phrynés échappées, pour la plupart, des ateliers de mode et de couture, et de la loge où leurs respectables parents exercent la noble profession de portiers; cela, pour monter sur les planches de nos théâtres des boulevards.

— Je comprends, des comédiennes, des filles remblables à Rose, fi!

— Allons, ne faites donc pas ainsi le dégoûté, mon cher ; prenons ces déesses pour ce qu'elles sont, estimons-les à leur propre valeur, et, en leur permettant qu'elles nous amusent, amusons-nous d'elles, et souvenez-vous, Maurice, une fois pour toutes, que, lorsque le cœur ne se met pas de la partie, une femme n'est nullement à craindre, fût-elle plus belle que Vénus, plus astucieuse qu'une Dalila..... Ainsi, vous dites que c'est Rose que se nomme la petite hypocrite qui s'est jouée de votre innocence ?

— Puisque je l'ai nommée par mégarde, je ne le nierai ; oui, cette fille se nomme Rose.

— Cher, achevez la confidence entière

en m'apprenant sur quelle scène parisienne celle belle exerce son art ; peut-être ne m'est-elle pas tout à fait inconnue.

— A un théâtre intitulé les *Délassements-Comiques,* à ce que m'a dit ce Chamberlin.

— Alors ce doit être la petite Rosita, une fort jolie petite femme.

— Rosita, en effet, c'est ainsi qu'elle se fait appeler.

— Je connais votre maîtresse, mon cher; une fine mouche, jolie comme un amour, spirituelle comme un démon, qui, s'étant éprise de vous et flairant un avenir honorable en devenant votre femme, s'est permis de jouer à votre égard le rôle d'une ingénue, ce qui est pardonnable chez une comédienne. Eh bien, mon nouvel ami, je suis persuadé que si cette fille avait réussi à se faire épouser par vous, elle serait devenue une honnête femme.

— C'est possible, car j'ai pour habitude de croire le bien plutôt que le mal, mais je préfère que ce soit un autre que moi qui devienne le convertisseur de cette fille, qui fera mourir de honte et de regrets les auteurs de ses jours.

— Allons donc! si tous les pères et mères des filles qui font la noce devaient en mourir, il y a longtemp que le monde serait désert.

— En vérité, monsieur Robichon, vous autres habitants de Paris, vous avez une morale singulièrement facile, fit en souriant Maurice.

— Et vous, mon cher, une rigidité de principes tant soit peu rococote, qui, en vous faisant commettre mille bévues, nuira beaucoup à votre avenir comme à votre bonheur.

— Cependant...

— Laissez-moi d'abord vous démontrer la preuve de ce que j'avance, et vous me répondrez ensuite. Un honnête et généreux vieillard vous aimait autant que si vous étiez son fils, ce qui vous faisait espérer de devenir un jour l'héritier de sa fortune, et voilà que, parce qu'une vieille fille s'amuse à devenir amoureuse folle de vous, ainsi que le chaste Joseph vous prenez la mouche et les jambes à votre cou pour fuir cette mûre Putiphar, et que vous abandonnez votre bienfaiteur sans seulement l'en prévenir, sans lui donner le temps de vous assurer une position, ce que n'aurait certes pas manqué de faire cet excellent homme. Faute immense de votre part, cher ami, qui non-seulement peut être taxée d'ingratitude de votre part, mais encore vous sépare à jamais, peut-être, de la pupille de cet homme; car, croyez-le, Maurice, si, ainsi que vous le pensez, cette dame payait de retour le tendre sentiment qu'elle vous a inspiré, croyez-le, vous dis-je, revenue un peu plus tard du mouvement de jalousie que lui a inspiré votre liaison avec Rose, elle serait revenue insensiblement à vous, et, partant de là, pardonné.

— Hélas! vous avez peut-être raison, soupira Maurice.

— Certes que j'ai raison. A votre place, voilà ce que j'aurais fait, moi : au lieu de provoquer en duel ce Chamberlin, j'aurais commencé par lui donner une volée de coups de bâton, pour le punir d'avoir communiqué la lettre de Rose à cette dame, puis, cette juste correction appliquée, et apprenant que madame de Melvale avait quitté le château, je me serais empressé de courir sur ses traces, afin de la rejoindre en route ou à Paris, et, une fois en sa présence, je serais tombé à ses pieds, j'aurais pleuré, supplié, justifié, et vous eussiez été pardonné, car rien au monde n'est plus indulgent et ne pardonne plus vite qu'une femme honnête, et qui aime, surtout.

— J'y ai pensé, mon ami, mais je n'ai osé, fit tristement Maurice.

— Corbleu! il fallait oser; ce qui eût été cent fois préférable, et laisser échapper ce Chamberlin, ce rival qui, à l'heure qu'il est, rit dans sa barbe à vos dépens et courtise la femme qu'il a su éloigner de vous.

— Le misérable! je me vengerai de lui!

— Cela doit être; mais comment? interrogea Robichon en riant.

— En le tuant.

— Cela vous rendra-t-il l'amour de madame de Melevale? Je ne le crois pas; car les femmes honnêtes estiment peu les duellistes, même quand c'est pour elles qu'ils exposent leur vie. Tenez, Maurice, je connais un moyen préférable de punir votre rival.

— Quel est-il? fit vivemement Maurice.

— C'est de vous présenter hardiment chez madame de Melevale.

— Elle ne me recevrait pas.

— Elle vous recevra, et même votre présence lui occasionnera une vive joie qu'elle s'efforcera de dissimuler, par décence et timidité, sous l'apparence de la froideur et de la timidité, sous laquelle son petit cœur n'en battra pas moins en votre faveur. Une fois admis, sachez vous justifier, soyez éloquent, pressez, suppliez, pleurez même si cela vous est possible, et la dame, ne pouvant résister davantage, finira par tout oublier et vous pardonner.

— Ah! si j'osais suivre votre conseil!

— Osez, corbleu! osez! ou renoncez à cette dame dont votre rival, tout grotesque qu'il est, finira par s'emparer.

— Eh bien! j'essaierai, fit Maurice en

se levant de son siège, car la pendule marquait deux heures du matin.

— Essayez, comme vous le dites, et vous ferez bien, reprit Robichon en pressant amicalement la main du jeune homme et ajouta ensuite : Merci de la bonnne confiance que vous avez daigné m'accorder, mon cher Maurice ; en revanche, disposez de moi comme d'un homme qui veut devenir votre ami.

— J'accepte avec bonheur, monsieur ; à demain donc, répondit Maurice, pour ensuite rentrer chez lui.

V

Trois mois se sont écoulés depuis que Maurice et Robichon sont devenus des amis inséparables; depuis que ce dernier, par sa protection et fidèle à sa promesse, a fait entrer Maurice chez un agent de change en qualité de commis, aux appointements de deux mille francs; depuis enfin que Maurice, poussé par Robichon, s'est décidé à se présenter à l'hôtel de madame de Melevale, dont le concierge lui a appris que sa maîtresse n'était pas à Paris, et qu'elle ne devait revenir que vers le mois de janvier.

Maurice, qui avait peu tardé à s'acquérir la confiance de l'agent de change qui l'employait, était spécialement chargé par ce dernier des affaires dont la conduite exigeait autant de délicatesse que de capacité; Maurice, par ce fait, était donc forcé de visiter souvent les clients à domicile lorsqu'il s'agissait de traiter avec eux d'une affaire importante. Il advint un jour et à sa grande surprise que, parmi la liste des noms des personnes chez lesquelles il avait à se présenter de la part de son patron, se trouvait celui du baron de Précy. Quoi ! cet homme qu'il avait quitté comme il était près de rendre le dernier soupir, existait encore ? Et Maurice, désireux de revoir le baron pour le féliciter sur sa résurrection, décida que ce serait par lui qu'il commencerait ses visites de la journée. Aussi, la dixième heure de la matinée était-elle à peine sonnée, que le jeune homme se présentait à l'hôtel de la marquise de Livry, chez laquelle demeurait le baron.

Introduit dans le cabinet de ce dernier, Maurice le reconnut aussitôt et accompagna le salut qu'il lui fit d'un sourire que lui occasionnait la joie de le retrouver vivant et en bonne santé.

— C'est vous, monsieur, que mon agent de change envoie pour me remettre les coupons du trésor qu'il m'a acheté hier? fit le baron tout en écrivant devant un bureau et sans lever les yeux.

— Oui, monsieur, c'est moi qui suis d'autant plus flatté d'avoir été chargé de cette mission, qu'elle me procure l'avantage de vous revoir et de vous féliciter sur le retour de votre santé, répondit Maurice.

— Mais je vous reconnais, monsieur; oui, vous êtes l'homme humain qui m'a prodigué ses soins et ses veilles, vous êtes l'honnête homme auquel j'ai confié une somme importante?

— C'est moi, monsieur.

— Maurice! je vous retrouve donc enfin! s'écria le baron en se levant précipitamment pour courir presser le jeune homme dans ses bras et l'embrasser à plusieurs reprises. Ah! méchant enfant, qui, ne tenant pas compte de l'invitation que lui a adressée ma sœur, n'est pas revenu recevoir nos remercîments! reprit le baron, de l'expression d'un reproche amical.

— Je n'ai osé, monsieur, en la crainte d'importuner madame la marquise. Mais de grâce, veuillez moins attacher d'importance à des faits tout naturels que m'ont inspiré l'humanité et l'honneur.

— Mais comme tous les hommes ne sont pas doués de ces dons précieux, lorsqu'un hasard heureux place sur notre passage un de ceux qui les possèdent, il faut nous empresser de bien l'accueillir et d'en faire notre ami, dit le baron en pressant la main du jeune homme. Oh! je vous connais, Maurice, car l'excellent aubergiste Locret, dont je n'ai qu'à me louer pour avoir aidé ma chère sœur dans les soins qu'elle m'a prodigués, m'a révélé la valeur de votre mérite, aussi pensez combien j'ai dû être contrarié, lorsque, revenu par un miracle à la vie et à la santé ma sœur m'eût avoué que, dans sa douleur de me savoir malade et loin d'elle,

elle n'avait pas songé à vous retenir à l'hôtel et que, étourdiment, elle vous avait laissé partir de chez elle au milieu de la nuit.

— Mais cet oubli était très-naturel, monsieur; on ne retient pas chez soi et surtout la nuit, un homme qui vous est inconnu.

— Quand cet homme nous rapporte une fortune qu'il pouvait s'approprier impunément on doit être convaincu qu'il est digne de notre confiance et de notre amitié. Aussi, en ne vous voyant pas revenir, ainsi qu'elle vous en avait prié, en appréciant combien votre conduite envers nous était admirable et noble, se désespérait-elle à la pensée de ne plus vous revoir et de vous témoigner sa reconnaissance.

— Monsieur le baron, le bonheur de m'être acquis une place dans votre estime me récompense au-delà de tout, et puisque vous me le permettez, j'aurai l'honneur de venir quelques fois vous présenter mes humbles respects ainsi qu'à madame la marquise.

— Maurice, je vous tiens et je ne vous lâche pas, mon ami ; désormais vous resresterez ici, et comme ma sœur et moi nous sommes privés du bonheur d'avoir des enfants, vous devenez notre fils à partir de ce jour.

— Quoi! monsieur, tant d'honneur. Oh ! je ne puis accepter, je suis jeune et je dois par le travail me créer une position honorable et indépendante.

— Alors, je vous ferai travailler, vous serez notre secrétaire, le gérant de notre fortune, emploi, m'a dit Locret, que vous remplissez avec autant de talent que de probité.

— Mais monsieur...

— Point de mais, mon ami. C'est l'homme qui vous est redevable de vivre encore qui vous supplie de ne plus vous séparer de lui. Maintenant, mon cher fils, allons trouver ma sœur que votre présence va combler de joie.

En disant ainsi, le baron ayant passé le bras de Maurice sous le sien, l'entraîna à travers une foule de chambres plus riches les unes que les autres, jusqu'à celle où se trouvait la marquise qui jeta un cri de joie en reconnaissant Maurice, au-devant duquel elle s'avança en lui tendant la main, tout en fixant sur lui des regards remplis d'intérêt et même de surprise.

— Enfin, monsieur, vous vous êtes donc décidé à vous rendre à nos vœux? dit la marquise en entraînant Maurice vers un soyeux tête à tête où elle le fit asseoir à côté d'elle.

— Julie, ne lui en sache aucun gré,

car ce monsieur n'est point venu ici de son plein gré, mais bien comme envoyé de mon agent de change, dit le baron en riant.

— Alors, monsieur, laissez-moi vous gronder bien fort du peu de galanterie que vous avez mis à vous rendre à l'invitation que je vous ai adressée la première fois que j'eus le plaisir de vous voir.

— Pardonnez-moi, madame, c'est que malgré tout le désir que j'éprouvais de venir vous présenter mes respects, je craignais par ma présence, de raviver dans votre cœur le chagrin où vous avait plongé une perte bien douloureuse qui fort heureusement ne s'est pas réalisée.

— Dieu merci, monsieur, le ciel m'a rendu mon cher frère, qu'ainsi que vous je croyais perdu.

— Maintenant, ma chère Julie, permets que je te présente notre nouveau secrétaire, emploi que veut bien accepter auprès de nous, M. Maurice.

— Que celui de secrétaire ? c'est bien peu, fit la marquise.

— Certes, mais en dépit de sa modestie, il nous permettra sans doute d'y joindre le titre d'ami intime, reprit le baron.

— En vérité, tant d'honneur et de bonté de votre part, monsieur et vous madame me rend tout confus et je ne sais véritablement si je dois accepter, dit Maurice avec modestie.

— Quoi ! encore de l'incertitude, monsieur Maurice ? Acceptez, croyez-moi, tout ce que notre cœur et notre reconnaissance nous inspirent en votre faveur ; nous vous en supplions, dit la marquise d'une voix douce.

— Je cède, madame, et que Dieu m'aide à mériter toujours le bienfaisant intérêt que vous et monsieur le baron daignez me témoigner.

— A la bonne heure ! voilà qui est aimable de votre part. Aujourd'hui même, mon jeune ami, un appartement dans cet hôtel, sera mis à votre disposition, quant à vos appointements de secrétaire intime, vous en fixerez vous-même le chiffre. Inutile de vous dire qu'en qualité d'ami de la maison, ici, valets, chevaux et voitures sont à votre disposition, fit le baron.

Maurice, auquel l'attendrissement ôtait la parole, s'inclina respectueusement et les yeux mouillés de larmes devant ses nouveaux bienfaiteurs dont il ne tarda pas à s'éloigner après en avoir sollicité la permission afin d'aller instruire son patron de ce qui lui arrivait d'honneur et de lui faire accepter sa démission de l'emploi qu'il avait daigné lui confier.

— Julie, dit le baron à sa sœur après

que Maurice se fut éloigné; Julie, avez-vous bien regardé les traits de ce jeune homme?

— Oh oui! soupira la marquise.

— Ne trouvez-vous pas que Maurice ressemble d'une manière frappante au marquis Raoul de Murgy, à ce séducteur qui, il y a près de vingt-deux ans, sut vous faire oublier votre devoir d'épouse, trahir la fidélité que vous aviez jurée à votre époux, le marquis de Livry, au pied de l'autel.

— Il lui ressemble à un tel point qu'en le fixant attentivement aujourd'hui, j'ai senti mon cœur frissonner de surprise et de joie. Mon frère, si ce jeune homme qui se dit orphelin était mon fils, l'enfant que dans sa juste colère, un mari furieux arracha de mes bras pour m'en séparer à jamais?... Cet enfant qu'il a eu la cruauté de perdre et dont il refusa toujours de m'apprendre le sort, même en expirant dans mes bras après m'avoir pardonné... Mon frère, non-seulement Maurice est le portrait vivant de feu M. de Murgy, mais encore il est de l'âge que doit avoir aujourd'hui mon fils, si Dieu me l'a conservé. Mon frère, mon frère! mon cœur me dit que Maurice est mon enfant! s'écria la marquise avec feu et en proie à la plus vive émotion.

— Julie, souvent les apparences nous trompent; méfiez-vous, chère sœur, et comptez sur moi pour éclaircir ce mystère.

— Ah! mon frère, faites, hâtez-vous et je vous devrai le bonheur.

— Dans peu, je partirai pour Blois, je me rendrai au château de Villebelle où j'obtiendrai sans doute du respectable M. Desrieux des renseignements qui m'aideront à éclaircir vos doutes, répondit le baron.

— Mon frère, ne pourrions-nous interroger Maurice, le prier de rappeler ses souvenirs, de nous parler enfin de ceux qui ont pris soin de son enfance?

— Nous le pouvons, ma chère Julie;

mais, croyez-moi, afin d'éviter à Maurice le regret qu'inspire toujours une pénible déception, évitons, tout en le questionnant, de lui en faire connaître le motif.

— Je suivrai votre conseil, mon frère, et pourtant j'ai hâte qu'il m'appelle sa mère, répondit la marquise.

Tandis que le frère et la sœur disaient ainsi, Maurice, qui s'était empressé de se rendre chez son ami Robichon, frappait à coups redoublés sur sa porte.

— Holà ! qui se permet, par un tel vacarme de venir troubler le repos d'un paisible citoyen qui, après avoir servi la patrie en montant sa garde, se livre aux douceurs du sommeil? demanda Robichon éveillé en sursaut.

— Moi, cher ami, hâte-toi de m'ouvrir, car j'ai du nouveau et du bon à t'apprendre, dit Maurice, auquel s'empressa de venir ouvrir Robichon en chemise, et tout en se détirant les membres. Du nouveau et du bon, conte vite, mon petit, je t'écoute et suis même impatient.

Robichon s'étant remis dans le lit, et Maurice s'étant assis au chevet, s'empressa d'instruire son ami de ce qui venait de lui arriver, de l'accueil flatteur et des amicales propositions que venaient de lui faire le baron et la marquise.

— J'espère que tu t'es empressé d'accepter tout cela?

— Il l'a bien fallu, mon ami, sous peine d'affliger ces bonnes âmes qui m'ont pris en amitié.

— D'après ta conduite envers eux, cela ne me surprend pas de leur part, vu que les honnêtes gens aiment les honnêtes gens... Ainsi, Maurice, te voilà une se-seconde fois devenu le Benjamin d'une nouvelle et riche famille... Décidément, mon garçon, tu es né coiffé et tu iras loin.

— Robichon, si je deviens jamais riche, à nous deux la fortune, toi, mon premier ami, toi en qui il a plu à Dieu de me donner un bon et loyal compagnon, toi enfin qui, prenant ma pauvreté en pitié, s'est empressé de me procurer un emploi, disait Maurice en pressant amicalement dans les siennes, la main de son ami.

VI

Quelques jours plus tard, nous retrouvons Maurice installé dans l'hôtel de Livry, au milieu du luxe que donne la fortune et que ses nouveaux bienfaiteurs comblent d'amitiés et de prévenances.

Maurice enfin auquel la marquise témoigne toute la tendresse et les soins d'une mère pour un fils bien-aimé.

— Ah! madame, qu'ai-je donc fait au ciel pour qu'il déverse ainsi sur moi tout le bonheur et l'amitié dont vous et monsieur votre frère daignez m'entourer? disait un matin le jeune homme un genou en terre devant la marquise et en fixant sur elle un regard tout plein d'attendrissement et de reconnaisance.

— Maurice, faut-il vous l'avouer? eh bien! mon ami, c'est que non-seulement les estimables qualités dont vous a doué le ciel commandent l'amitié, mais encore c'est que vos traits me rappellent ceux de l'homme qui fut le père de l'enfant qu'on m'a ravi lorsqu'il était au berceau, dit la marquise que l'impatience brûlait en dépit de la recommandation de son frère.

— Ah! madame, que ne suis-je cet enfant, comme je vous aimerais! Il doit être si doux d'aimer une mère!...

— Maurice, aimez-moi comme si j'étais celle dont vous enviez la possession et les caresses ; faites, en m'entourant d'une douce illusion, que je voie en vous le fils dont je pleure la perte depuis vingt et un ans et vous rendrez à mon cœur le repos et le bonheur qu'il a perdu.

— Eh bien! madame, soyez satisfaite,

car moi aussi j'écoute une voix intérieure qui s'adresse à mon cœur et lui dit en vous désignant : Aime-la, car elle t'a donné le jour, elle est ta mère!..

— Et tu crois, n'est-ce pas, Maurice, car la voix qui s'adresse au cœur ne peut mentir reprit la marquise joyeuse en prenant la tête du jeune homme pour l'embrasser au front.

— Pas entièrement, madame, et même, s'il faut vous l'avouer, je fais tous mes efforts pour imposer silence à cette voix flatteuse.

— O ciel! tu ne serais donc pas heureux de m'avoir pour mère?... s'écria vivement la marquise.

— Heureux, mille fois, madame; mais je n'ose ajouter foi à un bonheur dont la désillusion me donnerait la mort, le jour enfin, où le ciel vous prenant en pitié, vous rendra votre véritable fils.

— Maurice, mon fils, c'est toi, j'en suis certaine, oui c'est toi dont les traits sont la vivante image de l'auteur de tes jours, toi dont la voix me rappelle la sienne... Maurice ! Maurice ! tu es mon fils, n'est-ce pas ?...

— Ah ! madame, madame ! que puis-je vous répondre, si ce n'est que ce désir est le plus cher de mon cœur.

— Enfant, espérons que bientôt la vérité éclaircira nos doutes, car mon frère, aussi impatient que moi, doit être en ce moment au village qu'habitaient les bonnes gens qui ont pris soin de ton enfance, au Breuil, où il espère se renseigner, acquérir quelques preuves comme quoi tu es bien son neveu et mon fils, car ce qui me confirme encore dans cette pensée, Maurice est que je suis accouchée la nuit dans une auberge située à une distance de cinq lieues au plus de la ville de Blois et que celui qui fut assez cruel pour m'enlever mon enfant aussitôt qu'il fut né, a dû l'abandonner dans ce pays.

Ici l'entretien de la marquise et de Maurice, fut interrompu à leur grand déplaisir par l'annonce de l'arrivée de Robichon qui, ayant été présenté par Maurice au baron ainsi qu'à la marquise, était devenu l'ami de la maison.

Autorisé par cette dernière, Maurice fit recevoir le gai visiteur qu'il trouva installé dans son appartement.

— Sois le bienvenu, Robichon, si tu viens dîner avec moi, ce qui fera grand plaisir à madame la marquise qui t'a pris en grande amitié.

— Oui, grâce au bien que tu lui as débité sur mon compte, en ayant soin de cacher mes faiblesses. Merci, cher, de ce procédé délicat ; quant à accepter ton dîner, impossible, et d'autant plus que je viens t'inviter moi-même à prendre ta part d'un joyeux souper d'amis qui doit avoir lieu ce soir dans un de nos meilleurs restaurants du boulevard du Temple, celui de Beauvalet. Cher, il y aura des femmes charmantes et joyeuses.

— Monsieur Robichon, vous cherchez à me corrompre, dit Maurice en riant.

— Dieu m'en garde, cher ami, mais bien à te faire faire connaissance avec le monde et ses vices, afin de te les dévoiler et que tu saches te mettre en garde contre leurs séductions... Or, je te préviens donc, ne voulant pas te surprendre, que les convives mâles qui assisteront à ce souper fin, sont tous bons, honnêtes et joyeux garçons, au cœur d'or ; quant aux femmes, attends-toi à les trouver toutes charmantes, gracieuses, provocantes et disposées à vider ta bourse de fond en comble si tu leur permets, car de tous les agréments masculins, l'or est le seul capable de faire vibrer la corde sensible de leur cœur de marbre. Ainsi, peureux, tu ne cours aucun danger, amuse-toi, observe et profite. Viendras-tu ?

— Certes ! où tu vas, je te suis, mon Oreste. Maintenant, parlons raison ; Robichon, j'ai de l'or, beaucoup d'or, enfin plein cette cassette que tu vois sur cette table. Je vais la partager avec toi, ajouta Maurice en allant ouvrir la dite cassette.

— Je n'en veux pas; garde ton or.

— Et moi, je veux que tu en veuilles, sous peine de me fâcher, je n'entends pas être riche tout seul. Accepte, te dis-je, il t'en faudra pour ce soir payer ton écot.

Et tout en disant ainsi, Maurice introduisait de force dans une des poches de Robichon, une grosse poignée de napoléons d'or qu'il venait de puiser à même la cassette.

— Ce que tu fais là est mal, Maurice, très-mal c'est me traiter en parasite et non en ami, disait Robichon tout rouge en essayant de porter la main à sa poche pour en retirer l'or, action à laquelle s'opposait Maurice avec énergie.

— Robichon, sois raisonnable ; si tu savais comme je suis heureux, aimé des maîtres de cette maison, qui m'appellent leur fils et me comblent comme tel de leurs bienfaits... Écoute, tu m'as souvent dit que si les moyens te permettaient d'avoir un cheval et un cabriolet, que tu te fatiguerais bien moins et qu'en doublant les courses que tu fais dans le courant de la journée, tu doublerais aussi les bénéfices.

— En effet, vu qu'un courtier qui a voiture à lui en fait d'affaires l'emporte toujours sur le pauvre piéton, dit Robichon.

— Eh bien ! achète-toi cheval et voiture et va ton train.

— Soit, Maurice, mais à la condition que tu me permettras de te rembourser l'argent que je n'accepte qu'en qualité de prêt.

— Comme il te plaira, mais accepte et ne te gêne pas pour puiser dans ma bourse.

Dans la soirée, sur les onze heures, les deux amis qu'avait amené un riche équipage, mettaient pied à terre à la porte du restaurant Beauvalet, ce rendez-vous de la gente aristocratique et des actrices du troisième et quatrième ordre.

— Ces messieurs sont en haut, dit un garçon du restaurant en reconnaissant Robichon.

— Et les dames? s'informa ce dernier.

— Pas encore, monsieur, mais elles ne peuvent tarder, les théâtres vont finir.

Robichon et Maurice montent au premier et sont introduits dans le salon bleu où est dressé un couvert pour douze, où quatre jeunes gens dont Maurice a fait la connaissance chez Robichon, laissant échapper un cri de joie en les voyant entrer et s'empressant de venir leur serrer la main.

— Soyez le bienvenu parmi nous, mon cher monsieur Maurice, vous, un sage, qui daignez venir partager nos plaisirs, dit un des convives.

— C'est moi, monsieur, qui dois, au contraire, vous remercier de ce que vous voulez bien m'admettre dans votre société et de m'initier aux mystères de la vie parisienne, moi, innocent campagnard, répondit Maurice gracieusement.

— Messieurs, agissons sans crainte d'effaroucher ce cher Maurice qui commence à s'apprivoiser assez passablement. Quant aux dames que nous attendons, il les connaît déjà, de réputation s'entend?

— Ce sont des femmes à souper, comme on dit, c'est la fleur, c'est l'élite de ces dames que nous comptons vous présenter ce soir, enfin des pensionnaires du théâtre des Folies-Dramatiques et des Délassements-Comiques, dit un des jeunes gens.

— Messieurs, faites tout de suite la part du feu, je vous en prie ; annoncez-moi tout de suite à ces dames, pour ce que je suis, c'est-à-dire un pur provincial, aussi gauche qu'embarrassé.

— Allons donc, tu plaisantes, cher ami! avec ta figure sentimentale, je suis certain que tu vas avoir un succès fou auprès de nos joyeuses soupeuses, dit en riant Robichon.

Des rires, des bruits, des pas se firent entendre, la porte s'ouvrit et un essaim de femmes asses jolies, rieuses et folles firent avalanche dans le salon.

— Salut! monseigneur.

— Salut ! mes beaux gandins, firent les femmes.

— A table! mes biches, car je me sens un appétit d'Auvergnat... A propos, avant de vous asseoir, mes poulettes, saluez M. Maurice Dupuis, mon ami intime qui a consenti à compromettre sa dignité en assistant à notre souper.

— Tiens! il est fort gentil votre ami ! dit tout bas une petite blonde à la mine espiègle, placez-moi à côté de lui, hein ?

— C'est convenu, mais soyez sage, surtout.

— Mais il nous manque une dame, observa un convive.

— Elle va venir, c'est qu'elle joue dans la dernière pièce et qu'elle n'a pas fini.

— Mangeons toujours en l'attendant, fit Robichon.

On se mit à table et le souper commença.

— Monsieur fréquente-t-il les théâtres? dit la petite blonde à Maurice, placé à côté d'elle.

— Certainement, mademoiselle.

— Les Délassements?

— Je n'y suis point encore allé.

— Il faut y venir, vous me verrez jouer, et vous m'applaudirez.

— Je n'y manquerai pas, mademoiselle.

— Je me nomme Fifine Duroseau.

— Du tout, n'allez pas aux Délassements, venez aux Folies, c'est plus *chic*, et vous m'entendrez dans la pièce nouvelle où je fais fureur, un succès *épatant*, quoi ! dit une brune aux grands yeux.

— Fichez-nous donc la paix, vous autres, avec vos succès de contrebande, vous êtes détestables, de véritables croûtes, c'est comme ça.

— Et toi une insolente, Mathilde. Mais pour juger tes camarades et les critiquer, il faudrait que tu eusses une ombre de talent et tu n'es qu'une ganache qui chante continuellement faux et qu'on siffle tous les soirs.

— Tu mériterais, grande insolente, que je te jette mon verre a la tête, s'écria furieuse la petite blonde, tout en se disposant à joindre l'effet à la menace, mais que Robichon retint assez à temps.

— Voyons, mesdames, nous sommes ici pour nous amuser et non pour nous prendre aux cheveux.

— Oui, vous avez du talent, vous êtes charmantes, adorables. Maintenant, buvons à l'union ! fit un convive, tout en emplissant les verres.

Fidèles à ce conseil, les bouteilles se succèdent, les têtes se montent, la gaieté devient folle et bruyante, les hommes entreprenants et les femmes caressantes,

Maurice, le sage Maurice lui-même commença à y voir double et se laissa embrasser par la petite blonde dans la main de laquelle il a glissé dix pièces d'or qu'elle lui emprunte pour acheter, disait-elle, un costume dont elle a le plus grand besoin pour paraître dans une nouvelle pièce qui est en répétition.

Le dessert, en disparaissant, a emporté avec lui la raison de chacun.

La nuit avançait ; l'heure de se retirer chacun où bon il l'entendrait ayant sonné hommes et femmes s'éclipsent deux à deux, en sorte qu'il ne resta plus dans le salon que Maurice et la la petite blonde endormis tous deux dans les bras l'un de l'autre lorsqu'une jeune femme se présenta, accompagnée de deux garçons.

— Mes amis, dit-elle à ces derniers en leur plaçant à chacun une pièce d'or dans la main. Enlevez ce jeune homme et portez-le dans la voiture qui attend en bas, c'est la sienne.

Les garçons s'empressèrent d'obéir, et la jeune femme monta s'asseoir à côté de Maurice.

La voiture partit et fut s'arrêter rue d'Angoulême-du-Temple.

Le lendemain, il était près de midi lorsque Maurice s'éveilla dans un bon lit, entouré de flots de mousseline et de soie et qu'en ouvrant les paupières, il aperçut

une femme couchée à ses côtés, une fem-
qui lui souriait avec malice, et dans laquelle, à sa grande surprise, il reconnut
Rose Lamoureux.

— Vous? exclama le jeune homme en
s'accoudant vivement sur l'oreiller.

— Moi-même, monsieur, avec qui vous
êtes amoureusement couché, répondit
Rose.

— Mais par quel hasard? comment se
fait-il?...

— Rien de plus facile à vous expliquer,
mon cher; hier je soupais avec une de
mes camarades dans le même restaurant que vous, le cabinet que nous occu-
pions touche au salon où vous faisiez

bombance ; votre nom souvent répété, est venu à mon oreille à travers la cloison qui nous séparait, bientôt ce fut le son de votre voix ; certaine alors de ne pas me tromper, que c'était bien l'ingrat Maurice qui était près de moi, je formai aussitôt le projet de vous enlever aux drôlesses avec lesquelles vous faisiez orgie.

Un garçon de cette maison qui m'est entièrement dévoué et que j'avais chargé d'épier vos faits et gestes étant venu m'apprendre que vous ne buviez ni ne répondiez aux avances de ces dames, je lui ordonnai de vous griser malgré vous.

Je ne sais comment il s'y est pris pour y parvenir, mais il a si bien réussi que j'ai pu vous arracher des bras de ma rivale et vous faire transporter ici sans que vous vous soyez éveillé. Voilà l'histoire, mon chéri.

— Rose, ce que vous avez fait là est très-mal; vous êtes une perfide, une menteuse, c'est à vous que je suis redevable de la perte d'une femme que j'adore, de qui j'étais aimé et qui m'a fui pour toujours en m'accablant de son mépris.

— Ah! oui, madame Clara de Melvale; eh bien! moi aussi je t'aime, Maurice, plus peut-être que cette femme ne t'aurait jamais aimé. Je l'ai vue car elle est venue à la ferme, elle m'a interrogé et je lui ai dit que tu étais mon séducteur et mon amant. Ai-je menti?

— Mais malheureuse, il fallait ajouter que loin d'être la fille innocente et pure que j'avais cru rencontrer, la fille honnête enfin, qu'elle m'accuse d'avoir perdue, déshonorée, il fallait, dis-je, lui avouer que vous n'étiez autre qu'une indigne créature, une courtisane, échangeant ses faveurs contre de l'or, une fille perdue, une misérable histrione sans pudeur ni talent, disait Maurice tout en s'habillant à la hâte après s'être arraché des bras de Rose pour sauter en bas du lit.

— Maurice, il est mal à vous d'insulter une femme qui vous aime, une femme qui, maudissant son passé, espérait que vous daigneriez l'aider à revenir au bien et purifier son cœur par votre amour. Je me suis trompée, je le vois, et puisque je suis tombée si bas qu'il n'est même pas permis à un honnête homme de me tendre la main, alors je m'écrie : Arrière le repentir, et à moi toutes les folles joies de la terre!...

— Malheureuse! qu'avez-vous dit? Mais vous oubliez donc que vous avez un père et une mère qui vous aiment et que la honte tuera le jour où ils apprendront que leur enfant, cette fille qu'ils croient douée des meilleures qualités est un être corrompu, une courtisane éhontée... Mais vous n'avez donc ni cœur ni âme, vous qui, n'ayant pas même la misère pour excuse, vous êtes livrée au vice? fit Maurice en fixant sur Rose un regard où se peignait le mépris et le reproche.

— Maurice, est-ce de ma faute si le premier homme que mon cœur a aimé était ainsi que vous un perfide qui, après m'avoir séduite par un faux semblant d'amour et la promesse d'une fidélité éternelle, m'a abandonnée sans honte ni pitié? Cessez donc de m'accabler, de me reprocher sans cesse une vie dont les désordres sont l'ouvrage de vos semblables et dites-moi ce que j'ai à espérer de vous?

— Rien! répondit sèchement le jeune homme.

— Maurice, prenez garde ; je vous préviens que la haine remplace chez moi l'amour dédaigné, reprit Rose d'un ton menaçant.

— Je me soucie autant de l'une que de l'autre.

— Voilà qui est de la dernière insolence. Maurice, prenez garde, je connais chez vous la corde sensible et je suis femme à me venger.

— Faites donc, si vous l'osez, répliqua sèchement le jeune homme qui, ayant achevé sa toilette tant bien que mal, prit son chapeau et sans plus en dire, quitta vivement la chambre, puis l'appartement pour gagner la rue.

— Allons, décidément, il n'y a rien à faire de ce garçon-là, c'est une poule mouillée, et il ne faut plus y penser que pour me venger de ses dédains. Ah! c'est dommage, je l'aimais bien, et il eut facilement fait de moi une honnête femme.

Ainsi pensait Rose, devenue triste et rêveuse, chez laquelle entra Babiole, sa femme de chambre pour lui annoncer la visite de M. Chamberlin.

— Ma foi, cet ennuyeux personnage arrive à propos ici pour la première fois, Babiole, dis-lui de m'attendre au salon, le temps que je vais mettre à m'habiller, répondit Rose qui, après avoir endossé à la hâte un coquet négligé, s'en fut rejoindre le visiteur.

— Chère, je passais dans votre rue, et je n'ai pu résister au désir de venir vous admirer un instant et de causer avec vous, dit Chamberlin d'un air tout aimable en prenant la main de la jolie fille.

— Je vous déteste, Chamberlin, depuis que vous m'avez joué le tour perfide de me trahir auprès de Maurice, mais j'ai besoin d'un instrument pour me venger du dédain qu'il a fait de ma personne et c'est à la condition que vous m'en servirez que je consens à vous revoir.

— Chère, je suis tout à votre service ; disposez de moi. De quoi s'agit-il ?

— Voyez-vous toujours madame de Melvale?

— Certes, depuis trois jours qu'elle est de retour à Paris.

— En êtes-vous toujours amoureux ?

— Comme un fou!

— Pensez-vous qu'elle ait oublié Maurice?

— Qui? le petit Maurice? Il y a longtemps qu'elle ne pense plus à ce bambin, à ce provincial, au point qu'en revenant à Paris, elle a passé à une lieue de Blois, du château de Villebelle, et qu'elle s'est privée du plaisir d'aller visiter son tuteur, afin de ne point s'infliger le supplice de revoir ce polisson de Maurice.

— Elle pouvait, sans crainte de l'y rencontrer, se procurer ledit plaisir car Maurice a quitté Villebelle et habite maintenant Paris, où et chez qui, je n'en sais rien, par exemple.

— Maurice à Paris! s'écria Chamberlin en pâlissant.

— Oui, à Paris, où il est venu se fixer en l'espoir d'y voir la belle veuve et de se réconcilier avec elle.

— Vous voulez rire à mes dépens, m'effrayer sans doute en me contant ce petit mensonge! Maurice à Paris! Allons donc!

— Il y est si bien que cette nuit il a fait

la noce avec moi et joyeuse société au restaurant Beauvalet, où il s'est grisé.

— Sambleu! est-ce bien possible?

— Tellement que si vous étiez venu deux heures plus tôt, vous l'auriez trouvé couché avec moi.

— Couché avec vous? exclama Chamberlin.

— Pourquoi pas, puisqu'il est mon amant?

— Mais vous êtes donc réconciliés?

— Entièrement et pour la vie.

— Alors, il a renoncé à madame de Melvale?

— Il me l'a dit, mais je n'en crois rien;

les hommes sont si faux! C'est donc pour que vous empêchiez toute réconciliation ntre cette dame et lui que je vous conte les fredaines que nous avons faites ensemble cette nuit.

— Compris! Afin que j'en instruise Clara, ce que je ne vais pas manquer de faire aujourd'hui même.

— Faites donc dans vos intérêts ainsi que dans les miens.

— Certes! certes! s'écria Chamberlin en se levant de son siège pour courir prendre son chapeau.

— Que faites-vous donc?

— Parbleu, je pars, je cours chez madame de Melvale.

— Allez, donc, cher, et surtout frappez fort sur le compte de Maurice.

— Oh ! soyez tranquille, je ne le ménagerai pas, répliqua Chamberlin en prenant la porte pour aller se jeter dans son coupé et se faire conduire à l'hôtel de la veuve.

— Oui, oui, elle l'aime encore, quoi qu'elle assure le contraire ; la tristesse à laquelle elle est sans cesse en proie, la froideur qu'elle me témoigne me le prouvent assez, mais le coup que je vais lui porter suffira, je l'espère, pour la guérir entièrement de son fol amour pour ce petit misérable, ce bâtard de Maurice.

Ainsi disait Chamberlin tout en roulant.

VII

— Vous arrivez fort mal, monsieur, car je vais sortir, dit Clara, ayant peine à cacher son mécontentement, en voyant entrer Chamberlin, lequel avait forcé la consigne en dépit des valets qui lui disaient que leur maîtresse, étant indisposée, ne recevait personne.

— Pardonnez-moi, madame, et daignez m'accorder quelques instants, ayant une grande nouvelle à vous annoncer.

— Parlez, je vous écoute, fit Clara d'un ton froid en se plaçant sur un siège.

— Apprenez, madame, que ce petit libertin, ce séducteur de Maurice, habite actuellement Paris.

— Que m'importe à moi que ce jeune homme habite Blois ou Paris, reprit Clara qui ne put comprimer entièrement l'émotion que lui occasionnait cette nouvelle.

— Je comprends que cela vous soit fort indifférent, du moment que ce jeune homme a perdu votre amitié, ce qu'il a mérité ; un polisson qui n'a quitté le toit hospitalier de ton bienfaiteur que pour venir rejoindre la pauvre fille qu'il a séduite et achever de la corrompre entièrement.

— Mais, monsieur, pourquoi venez-vous me conter toutes ces choses ? Est-ce que cela me regarde ? Est-ce que ce jeune homme m'est quelque chose, à moi, interrompit vivement Clara.

— Dieu merci de ce qu'il ne vous soit rien, absolument rien, ce drôle, ce débauché qu'un de mes amis a surpris, pas plus tard que ce matin, couché avec Rose, sa jeune et imprudente victime.

— Monsieur, voilà de ces choses que vous eussiez dû garder pour vous et non d'en salir les oreilles d'une honnête femme, interrompit Clara avec dignité tout en se levant.

— De grâce, ne m'en veuillez pas, ma chère Clara; car mon intention n'a pas été de vous manquer de respect en vous racontant ces choses, mais seulement, pour vous convaincre que ce Maurice est tout à fait indigne de l'amitié que vous lui accordiez.

— Il est possible que ce soit là le seul but que vous vous soyez proposé, mais vous saurez, Chamberlin, que si je méprise les libertins, je n'ai guère plus d'estime pour les délateurs. Avis à vous !

— Fort bien ! Faites donc le bien pour

qu'on vous en récompense par le mépris !
s'écria Chamberlin fort contrarié.

— Je vous répéterai encore, monsieur, que ce Maurice m'est tout-à-fait indifférent, et que je vous interdis, une fois pour toutes, de jamais prononcer son nom devant moi. Mais je ne sais qui ou quoi vous a mis dans l'idée que j'avais pour ce jeune homme un autre sentiment que celui d'une simple amitié. En vérité, il est bien cruel pour une femme de mon âge, de ne pouvoir accorder son estime à un homme qu'elle croit honnête, sans qu'on ne s'empresse aussitôt d'interpréter ce sentiment en mal... Sachez donc, monsieur, que je n'aime personne, que mon cœur est libre, bien libre, et que vous m'ennuyez très-fort avec vos suppositions injurieuses, et votre Maurice dont vous ne cessez de me parler toutes les fois que vous m'abordez.

— Au nom du ciel, ma belle amie, ne vous fâchez pas ainsi contre votre plus fervent adorateur.

— Je ne veux point d'adorateur, je n'en veux point! fit Clara avec dépit en frappant le tapis de son pied mignon.

— Ordonnez-moi de mourir, cruelle, s'il faut cesser de vous aimer, fit Chamberlin d'une voix sentimentale avec accompagnement de soupirs.

— Ne jouez donc pas la comédie, monsieur; vous ne valez pas mieux que les autres hommes.

— La comédie? dites-vous, femme insensible! la comédie, lorsque je vous adore depuis près d'un an, lorsque, pour vous plaire, pour vous être fidèle, j'ai renoncé à toutes les joies de la terre, fermé mon cœur à toutes les séductions. Ah! Clara! que vous êtes injuste à mon égard.

— Avez-vous lu les affiches? Savez-vous ce qu'on donne ce soir à l'Opéra, j'ai l'intention d'y aller.

— Comment, madame, on donne *Guillaume Tell*, quand je vous dépeins mon martyre, vous pensez au spectacle? Voulez-vous me permettre d'aller vous saluer dans votre loge? Ah! Clara, vous vous jouez cruellement de mon cœur.

— Venez si cela vous plaît, et maintenant laissez-moi à ma toilette, je vous ai dit que je sortais.

— A ce soir donc, inhumaine, soupira tristement Chamberlin, pour se retirer aussitôt.

— C'est égal, quoi qu'elle en dise, je ne lui suis pas tout à fait indifférent, la preuve est ce rendez-vous qu'elle me donne adroitement pour ce soir à l'Opéra, murmurait Chamberlin en regagnant sa voiture.

Clara, de son côté, après s'être enfermée dans sa chambre, se jeta en larmes sur un fauteuil en soupirant ces mots :

— Il m'a oubliée, il aime Rose, et c'est pour la suivre, pour la voir chaque jour que l'ingrat a quitté son bienfaiteur. Mon Dieu ! aidez-moi à chasser le souvenir de ce Maurice de mon cœur et de ma pensée, mon Dieu, prenez ma souffrance en pitié.

Le même jour et au même instant où Chamberlin calomniait Maurice auprès de madame de Melvale, la marquise de Livry lisait une lettre de son frère qu'elle venait de recevoir, lettre qui remplissait son cœur de bonheur et de joie, car elle était ainsi conçue :

« Réjouis-toi, ma chère Julie, car il

« n'existe plus de doute ; oui, Maurice est
« bien l'enfant qui te fut enlevé au mo-
« ment où tu venais de lui donner le
« jour, par ton vieux et implacable mari,
« par cet homme vindicatif qui, créan-
« cier de ton père, le contraignit à lui
« donner sa fille, à t'arracher à l'amour
« du jeune comte de Murgy dont tu allais
« devenir la femme bien-aimée.

« Apprends donc, chère sœur, qu'après
« l'avoir arraché ton fils, ce bien si pré-
« cieux au cœur d'une mère, le marquis
« de Livry s'empressa de quitter l'au-
« berge où tu venais d'accoucher, en
« emportant ton enfant sous son man-
« teau.

« La chaise de poste dans laquelle il

« s'était réfugié avec son précieux et dé-
« licat fardeau, après avoir roulé l'espace
« d'une huitaine de lieues, s'arrêta dans
« un petit village intitulé le Breuil, où,
« après s'être renseigné auprès de quel-
« ques habitants, il s'en fut frapper à la
« porte des époux Dupuis, deux bons
« vieillards révérés dans tout le canton,
« pour leur douce piété, leur probité
« et leur charité inépuisables; ce fut à
« ces bonnes gens que le marquis confia
« ton fils, ma chère Julie, en accompa-
« ce dépôt d'une somme de cinq mille
« francs, en faisant la promesse que cha-
« que année une pareille somme serait
« apportée afin de subvenir aux besoins
« et à l'éducation de l'enfant.

« Les époux confiants, ayant accepté la

« mission qui leur était proposée et après
« avoir promis de prendre soin de l'en-
« fant, de l'aimer comme s'il était leur fils
« laissèrent partir le marquis qu'ils ne
« devaient plus revoir ni entendre parler
« jamais.

« Malgré cet abandon et l'exiguité de
« la petite fortune qui les faisait vivre,
« ces bonnes gens n'en élevèrent pas
« moins Maurice qu'ils chérissaient et
« auquel ils avaient inculqué tous les
« principes de sagesse et de probité dont
« ils lui donnaient chaque jour l'exem-
« ple.

« Mais, hélas ! vint un moment fatal
« où ces bons vieillards s'éteignirent
« l'un après l'autre, où Maurice, qui

« avait été placé en qualité de pension-
« naire par sa vieille mère adoptive, chez
« un maître d'école du village, nommé
« Broquet, eut à souffrir toutes les humi-
« liations, toutes les privations auxquel-
« les un orphelin abandonné et sans for-
« tune est exposé lorsqu'il est tombé en-
« tre des mains cupides et cruelles.

« Ainsi renseigné par les gens du
« Breuil, ce fut chez ce Broquet, chez
« cet homme assez inhumain pour avoir
« chassé de chez lui un malheureux dont
« il n'espérait plus de salaire, que je me
« présentai en l'espoir d'obtenir de sa
« bouche de nouveaux renseignements
« qui soient capables de me convaincre
« encore plus que Maurice est bien l'en-

« fant dont tu pleures la perte depuis
« tant d'années.

« Je trouvai cet homme étendu dans
« un fauteuil où le clouait la goutte qui
« le tourmentait. Je l'interrogeai, mais je
« ne pus obtenir de lui que les mêmes
« renseignements qui m'avaient déjà été
« donnés dans le village, lorsque la pen-
« sée me vint de lui demander si, parmi
« les objets qui appartenaient à Maurice
« et qu'il avait gardé lorsqu'il l'avait ren-
« voyé de chez lui, il ne se trouverait
« pas par hasard quelques vestiges des
« linges qui l'enveloppaient lorsqu'il fut
« apporté et confié aux époux Dupuis.

« — Je n'en sais ma foi rien, me ré-
« pondit Brocquet d'un ton insouciant et

« en grimaçant la douleur, car sa goutte
« le faisait horriblement souffrir en ce
« moment.

« — Cherchez bien ; rappelez-vous, et
« je vous paierai ce service au poids de
« l'or si vous parvenez à me fournir une
« preuve que cet enfant est véritablement
« celui que je cherche.

« A ces mots qui éveillèrent la cupidité
« de la femme Broquet qui, quoique pré-
« sente, n'avait encore prononcé une pa-
« role.

« — Mais, mon homme, dit-elle, la
« mère Dupuis, en se sentant mourir, ne
« t'a-t-elle pas fait appeler pour te confier
« un petit paquet qu'elle t'a recommandé

« de garder avec soin, comme pouvant
« un jour aider à faire reconnaître Mau-
« rice par sa famille si jamais il parvient
« à la retrouver... Voyons, souviens-toi,
« nous devons avoir dans quelque coin
« de la maison ce paquet que monsieur
« veut nous acheter si cher.

« — En effet, je crois me souvenir,
« femme; monte au grenier, où, en cher-
« chant bien, tu trouveras peut-être ces
« chiffons dans nos fouillis.

« La dame Broquet ne se le fit pas ré-
« péter deux fois, elle disparut comme
« l'éclair pour revenir quelques instants
« après, tenant dans ses mains plusieurs
« vêtements à l'usage des enfants nou-
« veaux-nés, tels que brassières, bonnets

« et autres, le tout en toile et étoffe fine,
« marqués aux lettres J. D. L., brodées
« au milieu d'un écusson que je reconnus
« avec un transport de joie pour être celui
« de ta maison.

« Alors, ayant acquis la preuve cer-
« taine de la naissance de Maurice, je
« m'empressai de m'emparer de ces petits
« effets, tout en demandant au maître
« d'école quel prix il y attachait.

« — Dame, je suppose qu'une somme
« de cinq cents francs ne serait pas trop
« payer le service que nous rendons à ce
« jeune homme, en ayant précieusement
« conservé ces biblots qui vont sans doute
« en faire un beau monsieur très-riche,
« fit aussitôt la dame Broquet d'un air pa-

« telin tout en fixant sur son mari un re-
« gard d'intelligence.

« — Les voilà, répliquai-je aussitôt en
« présentant à cette femme un billet de
« banque de la somme demandée, qu'elle
« s'empressa de saisir avec autant de sur-
« prise que de cupidité.

« — Êtes-vous satisfaits?

« — Oui, quoique la somme soit bien
« légère pour un pareil service, répliqua
« Broquet qui, à la facilité avec laquelle
« je venais de m'exécuter, regrettait que
« sa femme ne m'eut pas demandé le
« double.

« — Je conviens que c'est peu; mais je
« ne donnerai pas davantage. Si j'avais

« trouvé en vous du désintéressement,
« en expiation de votre conduite cruelle
« envers Maurice, envers cet infortuné
« que vous avez chassé inhumainement
« de chez vous, ma générosité à votre
« égard eut été sans bornes, adieu et re-
« pentez-vous.

« Ces paroles dites, je m'éloignai, muni
« des précieux objets que jadis tu te plus
« à confectionner de tes propres mains,
« dont la vue te comblera de joie et de
« bonheur, ma chère Julie.

« Après avoir quitté la demeure de
« Broquet et étant remonté en chaise de
« poste, c'est au château de Villebelle,
« chez l'estimable et généreux Desrieux
« que je me suis fait conduire, où j'ai

« reçu l'accueil le plus gracieux du frère
« et de la sœur que j'ai comblés de joie
« en leur apprenant que leur cher Mau-
« rice avait retrouvé sa mère et une fa-
« mille.

« — Monsieur, j'ai eu des torts envers
« Maurice, j'ai été injuste à son égard ;
« mais dites-lui que je m'en repens, et
« que lorsqu'il lui plaira de venir em-
« brasser ses bienfaiteurs, il sera mille
« fois le bien reçu par les hôtes du châ-
« teau de Villebelle, m'a dit mademoi-
« selle Flora Desrieux, dont une larme
« mouillait la paupière.

« De quels torts s'accuse-t-elle, je l'i-
« gnore, car Maurice ne nous a jamais
« parlé qu'en bien de cette personne dont

« le souvenir est pour lui une chose douce
« et sacrée.

« Il est à croire que la reconnaissance
« occupe trop de place dans le cœur de ton
« fils pour que la rancune y trouve le
« moindre accès.

« Bientôt, chère sœur, nous aurons
« l'avantage de posséder M. Desrieux et
« sa sœur, car ils se proposent de venir
« terminer l'hiver à Paris, tant leur im-
« patience est grande de revoir et d'em-
« brasser leur cher Maurice, qu'ils ai-
« ment comme s'il était leur fils.

« Julie, réjouis-toi d'avoir retrouvé un
« pareil enfant, remercie Dieu de ce qu'il
« a daigné te le rendre, car d'après tout ce

« que j'entends dire ici, non-seulement
« par ses bienfaiteurs, mais encore par
« les serviteurs du château, il est certain
« que Maurice possède toutes les qualités
« les plus estimables.

« Dans deux jours, chère sœur, je serai
« à Paris; dispose-toi à m'écouter, car
« ma bouche te dira tout ce que je ne puis
« t'écrire, sous peine de t'envoyer un vo-
« lume. »

La marquise, après avoir lu cette longue lettre que ses larmes avaient inondée, la porta à ses lèvres, tout en murmurant avec ferveur :

— Merci, mon Dieu, vous qui, après lui avoir fait expier sa faute pendant vingt ans, daignez rendre aujourd'hui un fils à l'épouse adultère ; merci, mon Dieu, vous qui me par-donnez !...

Cette prière étant achevée la marquise, après avoir essuyé les larmes qui mouillaient ses yeux, s'empressa de se rendre chez Maurice, qu'elle voulait presser dans ses bras, appeler son fils et combler de ses caresses.

Maurice revenait triste et contrarié de chez Rose, lorsque la marquise ntra dans sa chambre tenant à la main la lettre de son frère, et au-devant de laquelle le jeune homme s'empressa de s'avancer pour la recevoir dans ses bras presque évanouie, tant le bonheur la suffoquait.

— Ah! ne crains rien, mon enfant, je me sens assez de force pour survivre à la joie qui inonde mon âme... Tiens, lis, lis, Maurice et tu me diras ensuite si je ne suis pas la plus heureuse des femmes et des mères.

Maurice, ainsi rassuré sur l'état de la marquise et après l'avoir fait asseoir et s'être placé à côté d'elle, s'empressa de prendre connaissance de la lettre, puis de tomber en larmes à ses genoux après avoir lu en s'écriant d'une voix pleine d'émotion :

— Ma mère!... vous êtes ma mère?.... Ah! que je suis heureux!

La marquise s'empressa de le relever

pour lui prodiguer les plus tendres caresses et les noms les plus doux ; puis, ces premiers transports apaisés, la pauvre mère, d'une voix presque tremblante, raconta à Maurice toutes les circonstances de sa naissance, lui avoua, le regard baissé et la rougeur au front, qu'il était le fruit d'une faute et le fils du colonel de Murgy, mort en combattant en Algérie, lequel, étant libre de disposer de sa fortune, la lui a léguée toute en ère.

— Oui, tu es riche, Maurice, très-riche, car la fortune de ton oncle, le baron de Brécy ainsi que la mienne, te reviennent de droit.

— Ne parlons pas de richesses, ma mère, car la seule que j'aie toujours envié était la possession et l'amour d'une mère telle que vous et Dieu vient d'exaucer mon désir, répondit Maurice en couvrant de baisers les mains de la marquise.

VIII

— Ainsi, Robichon, tu me jures que ce souper qui s'est terminé pour moi d'une façon si singulière, n'était pas un guet-apens de ta part, que ce n'est pas toi qui, après avoir prévenu Rose et m'avoir grisé, m'a livré à elle? demandait Maurice à son ami qui était venu le voir et avec lequel il était seul dans son appartement.

— Parole d'honneur! mon cher Maurice; d'abord, pour que je t'eusse tendu ce piège, il eut fallu que je connusse cette petite gaillarde de Rose, cette ingénue de contrebande, et je ne l'ai jamais vue qu'au théâtre, sur la scène. La petite est jolie, très-jolie même, et je t'avoue candidement que si je m'étais trouvé à ta place, réveillé à côté d'un minois pareil, que, loin de t'imiter, je me serais empressé de profiter de l'heureuse circonstance.

— Je n'en doute pas; mais si, comme moi, tu étais redevable à cette fille de la perte de ton bonheur, de l'amour et de l'estime d'une femme comme madame de Melvale, peut-être aurais-tu fait comme moi, répondit Maurice.

— Ma foi non, le mal était fait, je me serais consolé avec Rose de la perte de la grande dame. Mais, à propos de madame de Melvale, as-tu suivi mon conseil en allant lui faire une visite?

— Non mon ami, je n'ai pas osé.

— Saperlotte, tu me permettras de te dire que tu es d'une innocence et d'une poltronnerie sans pareilles ; comment, tu te sais aimé de cette femme qui, pour sûr, te regrette et te désire et tu n'oses aller te justifier à ses yeux, implorer une grâce qu'elle s'empresserait de t'accorder, vu que rien ne pardonne plus aisément qu'une femme dans le cœur de laquelle nous avons planté le germe de l'amour.

— Je n'ai osé, te dis-je.

— Fichtre ! il faut oser, surtout à présent que te voilà un riche fils de famille, noble presqu'autant qu'un fils de roi, ce qui doit te donner un aplomb d'enfer. Corbleu ! si j'étais à ta place, mais j'irais sans hésiter demander une princesse royale en mariage... Mais causons sérieusement ; veux-tu que j'aille chez madame de Melvale afin de plaider ta cause auprès d'elle, que je te dépeigne à ses yeux comme le plus pur, le plus innocent des amants ? Que je lui parle des regrets, du martyre que tu endures loin d'elle, lui dire enfin que tu succombes sous le poids de la douleur que t'occasionne la perte de son cœur.

— Robichon, je te remercie de ce dévouement, mais garde-toi d'une démarche qui ne pourrait qu'indisposer encore plus cette dame contre moi, et parce qu'elle lui révélerait mon indiscrétion.

— Bah! quoi de plus naturel qu'un amant abandonné, au désespoir, ait versé ses chagrins dans le sein d'un ami? Après cela, comme tu voudras, Maurice, mais si tous les deux vous vous tenez cois et silencieux, si un tiers ne travaille à votre rapprochement, vous courez grand risque, mes chers amis, de ne vous revoir jamais.

— Eh bien ! je suivrai ton conseil, Robichon ; je m'armerai de courage et ferai une visite à Clara, reprit Maurice.

— A la bonne heure! surtout vas-y carrément, sans peur, et aborde la question vivement.

— Je ferai de mon mieux, sois-en certain ; maintenant aussi, j'espère que, malgré le refus que tu m'en as fait d'abord tu consentes à assister demain au bal que donnera ma bonne mère en mon honneur.

— Cher ami, si tu étais bien gentil, tu me dispenserais d'honorer cette fête brillante de ma présence.

— Quoi ! encore un refus ?

— Allons, sois raisonnable, Maurice ;

quelle mine veux-tu qu'un pataud de mon espèce fasse au milieu de tout ce monde brillant qui va envahir vos salons ? moi, un misérable courtier d'affaires, un infiniment petit ?...

— Dis donc un homme d'esprit des plus aimables qui saura plaire à chacun.

— Ton amitié t'aveugle sur mon chétif mérite, mon cher Maurice.

— D'ailleurs, Robichon, ton absence contrarierait fort ma mère et mon cher oncle qui t'aiment et t'estiment.

— Ils sont bien bons, mais...

— Allons, plus de mais ; tu y viendras, c'est l'amitié qui le veut, t'en prie, te l'ordonne même de par ma voix.

— Je cède alors, tyran.

— C'est heureux, fit Maurice en riant.

Le lendemain du jour où avait eu lieu cet entretien entre les deux amis et sur le soir, l'hôtel de la marquise de Livry était splendidement illuminé ; dans la cour se succédaient les brillants équipages qui amenaient les nombreux invités à la fête, et des fenêtres de cette riche demeure, s'échappaient les bouffées d'harmonie qu'envoyait des salons un orchestre nombreux et choisi.

Les escaliers étaient couverts de riches tapis et garnis de chaque côtés d'arbustes en fleurs dont les suaves parfums embaumaient l'atmosphère.

Dans le principal salon, la marquise et son frère ayant Maurice au milieu d'eux recevaient leurs invités qu'ils accueillaient le sourire sur les lèvres.

— Monsieur Alexandre Robichon! annonça un valet.

A ce nom, Maurice s'empressa de courir au-devant de son ami et de passer son bras sous le sien pour l'amener devant sa mère et le baron qui l'accueillaient avec les marques de la plus vive amitié.

Minuit venait de sonner, la foule encombrait les salons; les quadrilles, les valses, les polkas et autres danses, se succédaient joyeusement. Les femmes, les jeunes filles étaient ravissantes de grâce éblouissantes de parure, les hommes aimables et d'une gaîté charmante. Maurice, après un quadrille, se promenait avec Robichon, lequel s'étant aperçu que, au milieu de tout ce monde brillant, il n'était ni plus embarrassé, ni plus gauche qu'un autre, se laissait joyeusement entraîner par le plaisir; Maurice donc sentait son cœur battre subitement avec force dans sa poitrine, et ses jambes flageoller sous lui en reconnaissant Clara, dans une jeune dame éblouissante de beauté, qui venait d'arriver, faisant son entrée dans les salons, au bras de madame la baronne de Villarçay, parente de feu le baron de Melvale.

— Qu'as-tu donc, Maurice, tu ne te soutiens plus?

— Ah! mon cher Robichon! c'est elle que je viens d'apercevoir, de reconnaître, elle, plus belle que jamais.

— Qui, elle ?

— Clara de Melvale! répondit Maurice d'une voix tremblante.

— Sambleu! mais c'est le ciel qui te l'envoie, c'est la réconciliation, c'est l'amour en personne qui vient au devant de toi... Allons, décidément tu es né coiffé, tu es un heureux mortel, surtout ne va pas trembler! chauffe le raccommodement, disait Robichon tout joyeux.

— Combien je vous sais gré, madame la baronne, de nous avoir amené votre charmante nièce dont j'ignorais le retour à Paris, ce qui m'a empêché, à mon grand regret, de lui adresser une invitation, disait plus loin la marquise de Livry à la baronne de de Villarçay. En vérité, ma chère Clara, vous devenez de jour en jour plus belle et plus adorable, ajouta la marquise en pressant la main de madame de Melvale.

— Et vous, madame, de plus en plus indulgente et gracieuse envers vos amis, répondit Clara.

— Ah! ma chérie, je suis si heureuse, maintenant! reprit la marquise.

— Je sais, madame, que le bonheur d'avoir retrouvé un fils dont vous pleuriez la perte, a dissipé entièrement le chagrin qui torturait votre pauvre cœur; croyez, madame, que je partage bien sincèrement votre joie et daignez accepter les félicitations que je vous adresse sur cet heureux événement, dit Clara.

— Merci, merci, ma douce amie, et maintenant permettez-moi de vous présenter mon fils qui, j'en suis certaine, sera ravi de faire connaissance avec une aussi belle personne que vous... Tenez, le voilà qui, sur un signe de moi, s'empresse d'accourir aussi vite que la foule le lui permet. Clara pâlit, car elle venait de reconnaître Maurice dans le jeune homme que lui présentait la marquise et qui lui adressait un profond et timide salut.

— Quoi ! monsieur Maurice, c'est vous, vous qui êtes ce fils bien-aimé de madame de Livry ? fit Clara avec surprise et embarras.

— Oui, madame, j'ai ce bonheur extrême et j'en remercie Dieu du plus profond de mon cœur.

— Vous avez raison, monsieur, car le ciel en vous donnant pour mère la plus vertueuse, comme la meilleure des femmes, vous a donné une grande preuve de sa bienveillance et de sa protection, dit Clara.

— Comment, vous vous connaissez, mes enfants ? fit la marquise en souriant.

— Oui, madame, j'ai eu l'avantage de

rencontrer M. Maurice à Villebelle, chez M. Desrieux.

— En effet, cet excellent homme qui s'est fait le bienfaiteur de mon fils, a été votre tuteur, je l'avais oublié, dit la marquise. Alors, mon ange chéri, je vous demanderai de reporter sur mon fils, un peu de cette bonne amitié que vous avez pour moi et de vouloir bien l'admettre en votre intimité, c'est une mère qui vous adresse cette prière.

Clara se contenta de répondre à la marquise par un froid sourire et un simple signe de tête. A ce moment, d'autres invités qui venaient présenter leurs hommages à la maîtresse de la maison, en détournant l'attention de cette dernière, permirent à Maurice d'adresser ces paroles à Clara :

— Madame, dit-il d'une voix émue, puis-je espérer d'être assez heureux pour mériter de votre part, la précieuse faveur que ma mère vient de solliciter de votre bienveillante amitié.

— Ne l'espérez pas, monsieur! répondit madame de Melvale, d'un ton froid et sévère, pour ensuite s'éloigner et aller reprendre le bras de la baronne de Villarçay, puis se perdre avec elle dans la foule.

Maurice que venaient de foudroyer les dernières paroles de la jeune veuve, se sentait mourir de douleur, lorsqu'un bras vint se glisser sous le sien sans qu'il s'en aperçut tant il était troublé et anéanti.

— Eh bien ! ça a-t-il été comme tu le désirais? Oui, n'est-ce pas? elle a pardonné, elle consent à renouer le joli roman d'amour que vous avez commencé? Les femmes sont si bonnes et surtout si faibles quand leur pauvre petit cœur est pris... Eh bien! tu ne réponds rien... qu'as-tu donc? Tu pleures, Dieu me pardonne... viens, viens Maurice, il ne faut pas que ces yeux qui rient et s'amusent autour de nous, voient les larmes qui s'échappent de tes yeux.

En disant ainsi, Robichon entraînait Maurice qui se laissait faire machinalement et que son ami emmena dans un petit boudoir dont il ferma la porte derrière eux:

— Nous voilà seuls, Maurice, asseyons-nous et dis-moi ce qui t'est arrivé, d'où provient l'état dans lequel je te vois... Allons, parle donc!

— Ami, elle a cessé de m'aimer, elle est irrésistible aux prières de ma mère, aux miennes et refuse de me voir.

— Bah ! simagrées que tout cela, va, crois-moi, un instant de tête à tête et quelques mots échappés de tes lèvres afin de te justifier et la belle se rendra à tes désirs.

— Robichon, je veux la rejoindre, la supplier de m'entendre, car il m'est impossible de supporter plus longtemps le poids de sa colère, de son mépris, disait Maurice en essayant de se lever de son siège, mais que Robichon retenait malgré lui.

— Allons, du calme, de la patience ; est-ce au milieu de cette foule, au bruit des instruments que tu dois espérer captiver l'oreille de cette belle inhumaine et de te jeter suppliant à ses pieds ; patience, mon cher Maurice, et demain, armé de courage de pied en cap, présente-toi hardiment chez elle.

— Elle ne me recevra pas, crois-le, répondit Maurice.

— Allons donc, je la crois trop bien élevée pour te faire une pareille impertinence lorsque tu l'auras fêtée et reçue chez toi la veille.

— Je ne puis attendre, il faut absolument que je lui parle à l'instant, que j'obtienne de sa bouche un mot, un seul mot d'espoir.

— Va donc entêté, puisque telle est ta volonté suprême, et permets que je te suive, afin d'être de loin, le témoin de ton succès ou de ta défaite.

Les deux amis entrèrent dans les salons où tous deux se mirent à la recherche de madame de Melvale, mais sans pouvoir la rencontrer.

— Elle est partie! elle me fuit, me déteste, tu le vois et je ne puis en douter, murmura douloureusement Maurice.

— Eh bien, rends-toi chez elle et force la de l'entendre, répondit Robichon.

Cédant enfin aux conseils de son ami, Maurice, le lendemain, se présenta tout tremblant chez Clara, où il lui fut répondu que madame était indisposée, et ayant passé la nuit au bal, ne pouvait recevoir.

Maurice se retira tristement, mais ne perdant pas courage, et de plus poussé de nouveau par Robichon, retourna le jour suivant chez la veuve où cette fois, il lui fut répondu que madame était partie dès le matin, pour la campagne, où elle devait rester huit jours.

— Décidément la dame te tient rigueur, mon pauvre ami ; mais nous y mettrons de l'obstination et il faudra bien qu'elle nous reçoive et nous entende, dit Robichon, après avoir écouté de nouveau les plaintes de Maurice.

Quelques jours plus tard, il y avait grande représentation au soi-disant sublime Opéra ; la salle était encombrée par un public d'élite, et les diamants étincelaient aux premières ce soir-là.

Maurice ainsi que Robichon occupaient une loge en face de laquelle était située celle où se trouvait madame de Melvale, en compagnie de Chamberlin. Clara ayant, aussitôt après son entrée, aperçu et reconnu Maurice, s'était empressée de se réfugier dans un coin de la loge, afin de se cacher derrière une draperie et, par ce moyen de se soustraire aux regards de l'amant qu'elle fuyait à regret, mais qui, selon sa pensée, était devenu indigne de son amour et de sa possession. Chamberlin aussi de son côté, avait reconnu son rival et en même temps aperçu Rose, laquelle occupait seule, une petite baignoire située sous la loge de Maurice, et, qu'ainsi placée, elle ne pouvait apercevoir.

— Voyons donc, voyons! est-ce qu'il n'y aurait pas moyen de tirer parti de cette rencontre, pour indisposer encore plus Clara contre ce Maurice? pensait Chamberlin. Essayons!

L'entr'acte étant venu, Chamberlin,

auquel madame de Melvale, devenue pensive, n'adressait la parole, prétexta auprès de cette dernière, un motif pour s'absenter un instant, afin de courir à la loge de Rose.

— Ah! c'est vous, Chamberlin? vous êtes bien gentil de venir ainsi me tenir compagnie, car étant seule, je m'ennuyais à mourir, dit Rose.

— Chère belle, je ne puis rester avec vous, ayant accompagné ici madame de Melvale, avec laquelle j'occupe la loge en face, la troisième avant celle d'avant-scène.

— Ah! oui, je l'aperçois cette belle dame qui, ainsi qu'un hibou, se dérobe à la clarté derrière la draperie de la loge, dit Rose de l'expression du dépit, puis reprenant : Ah ça, il est donc écrit là-haut, dit-elle, qu'elle me soufflera tous mes amoureux, cette femme-là ?

— Savez-vous pourquoi elle se cache ainsi ? reprit Chamberlin.

— Dame, sans doute pour ne pas être vue.

— Ce que vous dites là, belle Rosita, est tout à fait logique. Oui, elle se cache en effet afin de n'être pas reconnue de Maurice, qui occupe la loge en face.

— Maurice ! exclama Rose.

— Oui, Maurice en société d'un jeune homme qui m'est inconnu.

— Eh bien ! qu'est-ce que cela me fait à moi, que cet ingrat, ce sot personnage, soit ou ne soit pas ici, maintenant que je le déteste autant que je l'ai aimé.

— Cela fait, cher ange, qu'on se plaît toujours à saisir l'occasion de se venger des gens qu'on déteste, et que cette occasion se présente en ce moment.

— Expliquez-vous! fit Rose avec empressement.

— Maurice ne vous a abandonnée et ne vous dédaigne, que parce qu'il aime madame de Melvale...

— Je le sais, et je sais encore qu'ils sont brouillés, que cette femme, jalouse de ce qu'il a été mon amant, ne veut plus revoir Maurice.

— C'est cela même, mais ce que vous ne savez pas, est que Clara et Maurice se sont rencontrés au bal, qu'ils y ont passé la nuit ensemble et qu'ils sont tout près de se réconcilier, car la dame aime toujours Maurice et que Maurice l'adore.

— C'est vexant pour vous comme pour moi, mais puis-je empêcher cela ?

— Certainement ! fit Chamberlin.

— Comment cela ?

— En allant trouver hardiment Maurice dans sa loge et vous asseyant à son côté, en le forçant de vous parler.

— Impossible. car il est capable de me renvoyer.

— Il n'en a pas le droit, vu que vous

aurez payé votre place; ils ne sont que deux dans une loge de quatre.

— Alors s'il ne me renvoie pas, c'est lui qui s'en ira.

— Il est peu probable que Maurice consente à priver du spectacle la personne qui l'accompagne.

— Alors il me fera une moue atroce.

— Alors, n'en tenant nul compte, vous affecterez à son endroit une aimable gaîté, de la familiarité même.

— Il y sera insensible, l'ingrat!

— C'est possible, mais n'importe, car je vous aurais désignée à madame de Melvale qui, vous voyant parler et rire, se figurera que vous êtes au mieux avec

Maurice. Or, partant de là, nouveau dépit de la part de Clara... Comprenez-vous ?

— Très-bien !

— Ensuite, belle Rosita, qui nous prouve que désespérant de rentrer dans les bonnes grâces de la jolie veuve; Maurice ne se décidera pas à vous rendre son cœur ?

— Et la veuve, à vous épouser par excès de dépit? dit Rose.

— Alors, tout serait pour le mieux, ajouta Chamberlin. Hâtez-vous donc, chère, car l'entr'acte s'avance.

Cinq minutes au plus après cet entretien, Rose s'introduisait dans la loge de

Maurice et de Robichon et profitant de ce que les deux amis s'étaient absentés pour se rendre au foyer, notre hardie jeune fille s'installait sur le devant de la loge.

— Sambleu ! mais je ne me trompe pas, c'est, Dieu me pardonne ! la petite Rose Lamoureux que j'aperçois et reconnais dans la loge en face, fit Chamberlin du ton de la surprise, tout en lorgnant Rose.

Clara, à ces mots, ne put s'empêcher de porter un regard et de pâlir en s'apercevant que cette loge où Rose se pavanait, était celle de Maurice.

— Décidément, ceci me prouve qu'on ne m'a dit que la vérité, rien que la vérité, en m'assurant que ce M. Maurice est le protecteur intime de cette petite fille, qu'il a eu l'infamie de détourner de ses devoirs, et, sans la séduction duquel elle serait restée pure et digne de l'amour de sa vertueuse famille.

— Assez, monsieur! que m'importe cette fille et l'homme qui l'a séduite? Je vous en prie, faites-moi grâce de ces honteux détails, dit la jeune veuve, de l'accent de la colère et du dépit.

— Pardonnez à cet élan d'indignation que je n'ai pas été maître de retenir, madame, tant le vice m'est incompatible, répondit Chamberlin avec hypocrisie.

Maurice et Robichon furent assez surpris en rentrant dans la loge, d'y trouver une dame qui, sans façon, s'était emparée de l'une de leurs places. Mais la galanterie était un devoir pour eux; les deux amis se regardèrent en souriant et tout fut dit.

Maurice ayant forcé Robichon à reprendre la place qu'il occupait auparavant se plaça derrière Rose qui jusqu'alors s'était adroitement caché le visage dans son mouchoir. Ce ne fut donc qu'au lever du rideau que la traîtresse jeune fille, cédant au désir secret de Robichon, très-curieux de voir ses traits, se décida à se démasquer et à tourner un visage souriant et gracieux vers Maurice qui, la reconnaissant, fit un bond de surprise sur sa chaise.

— Vous, mademoiselle? fit-il.

— Oui, monsieur, c'est moi qui rends grâce au hasard heureux qui étant venue seule ici, me procure la rencontre d'un ancien ami... cela vous contrarie peut-être, monsieur Maurice, mais moi j'ai pour habitude d'aimer à me trouver en pays de connaissance.

Maurice stupéfait, ne se sentait pas la force de répondre, ce que voyant, Robichon qui trouvait Rose charmante, fit qu'il s'empressa de répondre pour son ami, en assurant la jolie fille, qu'une rencontre aussi charmante que la sienne, était chose trop flatteuse, trop agréable, pour qu'on osât s'en plaindre.

— Rose, vous me saviez ici, avouez-le ? fit enfin Maurice, à la grande satisfaction de Robichon qui mourait d'envie de savoir qu'elle était cette gracieuse personne.

— Ma foi non, mon cher, c'est le caprice qui m'a fait ce soir, donner la préférence à l'Opéra sur les autres théâtres et le bonheur qui m'a placée dans cette loge où je ne m'attendais nullement à vous rencontrer.

— Alors, mademoiselle Rose, pour ma part, je remercie cet heureux hasard... Allons, Maurice, décide-toi un peu et soyons galant avant tout.

— Monsieur craint sans doute que ma

société ne le compromette? fit Rose en souriant et en ayant soin de se tenir tournée du côté de Maurice.

— En aucune façon, mademoiselle, car nous sommes ici en un lieu public où chacun est libre d'entrer pour son argent, ce qui expose à des rencontres plus ou moins agréables, fit Maurice.

— Mon cher, vous me permettrez de vous dire que vous êtes parfaitement ridicule, et complètement étranger aux us et coutumes parisiennes, au point de vous effaroucher d'un détail, d'un rien. Quoi, parce que vous avez été mon amant et moi votre maîtresse, est-donc une raison pour nous détester, pour faire la gri-

mace au hasard qui nous met face à face?
Mais en vérité, à vous entendre me malmener, on pourrait croire que vous avez
quelque gros et abominable péché à me
reprocher, lorsque mon seul tort envers
vous, est de vous avoir trop aimé... convenez-en Maurice, afin que monsieur
votre ami, qui ne me connaît pas, ne
puisse avoir de moi une fâcheuse opinion... vous ne répondez pas.,. Hélas!
est-ce ma faute si cet imbécile de Chamberlin qui est votre rival auprès de madame de Melvale, s'est amusé à lui faire
lire certaine lettre amoureuse que je vous
écrivais, et cela afin de l'indisposer contre
vous? Allons, Maurice, ne m'en voulez
pas tant et si nous avons cessé d'être
amants, soyons au mois amis, termina

Rose en prenant de sa petite main délicieusement ganté, la main du jeune homme, et cela, de façon que cet attachement put être remarqué des loges, situées en face de la leur, c'est-à-dire de Clara et de Chamberlin.

— Sambleu! avec quelle tendresse, ce Maurice presse tendrement la main de cette demoiselle Rose... Voyez donc un peu, madame!

— A ces paroles de Chamberlin, Clara écarta un peu la draperie et jeta un coup d'œil.

— Que vous êtes indiscret, Chamberlin, d'épier ainsi tout ce qui se passe autour de vous, dit la dame en faisant des efforts surhumains afin de dissimuler la vive et douloureuse émotion qui torturait son cœur.

— J'en conviens, je suis curieux par nature... Ah ça, mais voilà qui devient par trop fort et passe la permission.

— Quoi donc, monsieur ?

— Ils viennent de s'embrasser, à ce que j'ai cru voir, et cela, à la barbe du public... Eh bien, que faites-vous donc ? Quoi, vous mettez votre châle ?

— Je pars, monsieur, car c'est le seul moyen qui me reste d'échapper à vos ennuyeuses observations.

— Alors, je vous accompagne.

— Je vous le défends.

— Mais, madame...

— Restez, vous dis-je, je l'exige ! fit Clara d'une voix impérieuse, pour aussitôt quitter la loge et courir se réfugier dans sa voiture qui l'emporta.

— Mais, si je ne me trompe, c'est cet imbécile de Chamberlin votre rival, que j'aperçois dans la loge en face. Oui, c'est bien lui qu'une dame vient de quitter et dans laquelle je crois avoir reconnu madame de Melvale, dit malicieusement Rose.

— Madame de Melvale! Chamberlin! tous deux ici et en face de nous... Ah! je comprends tout maintenant, Rose, vous êtes une infâme! s'écria Maurice en s'échappant de la loge pour courir à celle de Chamberlin, dans laquelle il entra brusquement.

A cette apparition inattendue et en voyant la pâleur et l'air furieux de Maurice, Chamberlin se sentit mal à l'aise.

— Monsieur? quelle était la dame qui vous accompagnait et vient de s'en aller? demanda Maurice d'une voix impérieuse.

— Voilà ma foi, une question fort indiscrète... De quel droit, monsieur, vous permettez-vous de me l'adresser?

— Je vous le dirai ensuite, mais répondez d'abord... Le nom de cette dame ?

— Puisque vous tenez absolument à le savoir, cette dame est la comtesse de Lespignolle, une créature qui daigne avoir quelques bontés pour moi.

— Vous mentez, car cette femme n'est autre que madame de Melvale.

— Alors, puisque vous le savez, pourquoi me le demandiez-vous ?

— Monsieur Chamberlin, j'aime cette dame, vous ne devez pas l'ignorer.

— Je le sais, et par-dessus le marché,

la petite Rose qui en ce moment s'échappe de votre loge, sans doute pour venir mettre le holà entre nous, dit Chamberlin en ricanant.

— Vous faites le plaisant, monsieur, mais voilà assez de temps que vous vous amusez à mes dépens et il faut que cela cesse.

— Monsieur, je ne m'amuse aux dépens de personne, répliqua Chamberlin.

— Déjà je vous ai provoqué, donné un rendez-vous où vous avez été assez lâche pour manquer, mais cette fois, vous ne m'échapperez pas.

— J'ai déjà eu l'honneur de vous dire,

monsieur, que j'ai le duel en horreur et que la loi l'interdit, car, ne voulant ni contrarier mes goûts, ni commettre une contravention, je persiste à refuser le duel que vous me proposez de nouveau.

— Cependant il faut absolument que je vous tue, reprit Maurice.

— Je vous dispense très-volontiers de cette vilaine corvée.

— Préférez-vous donc que je vous soufflette chaque fois que le hasard nous placera en présence l'un de l'autre?

— Pas davantage.

— Que je vous jette publiquement à la

face, les épithètes injurieuses de lâche et de poltron ?

— Je m'en soucie fort peu ; mais assez jacasser comme comme cela, car nos voisins que nous empêchons d'écouter la musique et le chant, commencent à murmurer.

— Vous avez raison, monsieur Chamberlin, mais avant de m'éloigner, je crois devoir vous prévenir que demain j'irai vous attendre à votre porte, armé d'une épée et d'un bâton ; ce sera à vous de choisir.

— Dispensez-vous de cette peine, demain je reste chez moi la journée tout entière.

— Après demain alors, tous les jours s'il le faut, jusqu'à ce que, fatigué de mon assiduité, vous vous soyez décidé à me rendre raison de vos méfaits à mon égard.

— Allons, puisqu'il n'est aucun moyen de vous ramener à des sentiments humains, et que vous tenez absolument que je vous tue ou que vous me tueiez, j'accepte votre défi pour après demain matin, dix heures précises, heure à laquelle nous nous rencontrerons à l'obélisque du rendez-vous de chasse au bois de Vincennes, répondit fièrement Chamberlin.

— Puis-je cette fois me fier à votre parole? demanda Maurice.

— Vous le pouvez, car je vous en donne ma parole d'honneur.

— Il suffit, répondit Maurice, pour se retirer aussitôt et aller rejoindre Robichon qui, abandonné par Rose, l'attendait de pied ferme et auquel il s'empressa de faire part de l'entretien qu'il venait d'avoir avec Chamberlin, et du rendez-vous au bois de Vincennes, auquel ce poltron n'aura garde de se trouver, dit en riant Robichon.

— Cette fois j'ai sa parole, dit Maurice.

— Ainsi, reprit Robichon, c'est un guet-apens que ce Chamberlin et cette petite Rose, t'ont tendu, et cela afin de te compromettre de nouveau auprès de madame de Melvale qui, décidément, mon cher Maurice, te croit l'amant fidèle de mademoiselle Rose Lamoureux?

— Ah! je tuerai ce Chamberlin! s'écria Maurice.

— Et moi je me charge du soin d'amener Rose à de meilleurs sentiments à ton égard, et de l'amener à te justifier d'elle-même, envers madame de Melvale.

— Et quel moyen surnaturel penses-tu employer pour soumettre à ce point l'honneur d'une femme qui ne peut me pardonner d'avoir dédaigné sa possession et ses attraits? demanda Maurice.

— Parbleu! la ruse et l'amour, mais l'amour pour rire, simulé, bien entendu.

— Fais donc et puisses-tu réussir, dit Maurice en soupirant.

— Je réussirai, sois en certain, mon cher, grâce à la connaissance profonde que j'ai du cœur des femmes du genre de Rose Lamoureux. Or, espère, car dès demain je me mets à l'œuvre.

IX

Le jour où devait avoir lieu la rencontre de Maurice et de Chamberlin, s'étant levé pur et surtout très-froid, car on était alors en plein janvier, Maurice voyant la pendule marquer huit heures et le rendez-vous étant pour dix, s'empressa de se lever et de s'habiller promptement car il s'agissait, avant de se rendre à Vincennes, de prendre chez lui Robichon qui devait l'attendre avec un second témoin. Maurice ayant terminé sa toilette, se disposait à quitter sa chambre à coucher lorsque, après en avoir ouvert la porte il se trouva à sa grande surprise, en présence de sa mère et de son oncle M. de Brécy.

— Où vas-tu d'aussi grand matin, mon cher neveu ? demanda le baron.

— Mon bon oncle, une promenade au bois avec Robichon, répondit le jeune homme.

— Où t'attend à dix heures celui avec lequel tu dois te battre, dit la marquise.

— Me battre! quelle idée!

— Ne nie pas, mon fils, et lis cette lettre que nous venons de recevoir, reprit la marquise en présentant la missive à son fils.

« Madame,

« En l'intérêt de votre tendresse mater-
« nelle, je dois vous prévenir que votre
« fils Maurice doit se battre en duel ce
« matin, à dix heures, au bois de Vincen-
« nes, avec un nommé Chamberlin, duel-
« liste de profession, de première force

« sur l'escrime et le tir au pistolet. Ce re-
« doutable adversaire n'a jamais manqué
« son coup, et si votre fils ose se mesurer
« avec lui, il est un homme mort. Empê-
« chez donc ce funeste duel à tout prix,
« madame, si vous tenez à conserver ce
« fils bien-aimé dont vous avez été privée
« si longtemps.

« Signé : Un Ami. »

Maurice, après avoir lu ce prudent avertissement, donna cours à un violent éclat de rire qui surprit fort le baron et la marquise.

— Que signifie cette hilarité, méchant enfant? demanda la dame.

— Il signifie, bonne mère, que cette lettre sans signature est l'œuvre inventée par mon adversaire qui est le plus lâche, le plus sot et le plus maladroit des hommes, pour que vous mettiez empêchement à ce duel dont il a une peur effroyable.

— N'importe, Maurice, tu n'iras pas à ce rendez-vous, je te le défends, je t'en prie même.

— Chère mère, je ne cours, je vous jure, aucun danger, car je suis certain que ce cher M. Chamberlin, mon adversaire, ne manquera d'oublier notre rendez-vous, tour qu'il m'a déjà joué en pareille circonstance.

— Mais cet homme t'a donc gravement

insulté, Maurice, que deux fois tu l'as appelé en duel? demanda le baron.

— Insulté, calomnié enfin, ce misérable a détruit mon bonheur et mes plus chères espérances.

— Le méchant homme! fit la marquise.

— Mais tu ne nous as jamais confié cela, Maurice, fit le baron de l'expression du reproche.

— Je n'ai osé, mon oncle; mais laissez-moi partir sans craindre pour ma vie et au retour, je vous confierai mes peines et mes regrets.

— Reste près de nous, mon fils, et ouvre

nous ton cœur! fit la marquise en entourant le jeune homme dans ses bras.

— Pas maintenant, ma mère, mais au retour. Au nom du ciel ! laisse-moi partir, car, si contre ma conviction, cet homme allait au rendez-vous et qu'il ne m'y rencontrât pas, il ne manquerait pas de m'accuser de lâcheté et de le répéter en tout lieu.

— Ton fils a raison, ma sœur, il serait cruel pour lui de se savoir calomnié par un poltron, dit le baron de Brécy. Laisse donc partir Maurice, que je vais accompagner et que je te ramènerai sain et sauf.

La marquise tremblante, hésita longtemps, mais pressée, rassurée par son frère et son fils, elle finit par céder, mais non sans regret ni sans verser d'abondantes larmes.

Entraînés par de vigoureux chevaux, en moins d'une heure Maurice, Robichon et le baron arrivèrent à l'obélisque où ainsi qu'il l'avait prédit, il ne rencontra pas Chamberlin, qu'on attendit une heure entière, pendant laquelle et avec la pointe d'une épée, Robichon s'amusa à graver ces mots sur la pierre de l'obélisque : Le sieur Chamberlin est un lâche. A midi, la marquise avait embrassé son fils et le même jour, Maurice, auquel sa mère et son oncle avaient rappelé sa promesse, leur confiait son amour pour madame de

Melvale et leur apprenait les fâcheuses circonstances qui l'avaient privé de l'affection et de l'estime de Clara.

— Maurice, console-toi et espère, mon enfant ; oui, je verrai Clara, je te justifierai à ses yeux et te rendrai son cœur. Espère, te dis-je, fit la marquise en embrassant le jeune homme.

— Ta mère a raison, Maurice, espère ; car pour attendrir la jolie madame de Melvale, nous avons un précieux auxiliaire dans l'excellent M. Desrieux, dont nous attendons l'arrivée d'un moment à l'autre, dit le baron.

Et Maurice joyeux, dans le cœur duquel

rentrait l'espérance, sauta au cou de son oncle pour le remercier, en l'embrassant, de ces bonnes paroles. Ce même jour, Robichon en tenue irréprochable, se rendait chez Rose et s'y faisait annoncer sous le titre et le nom du comte de la Rivodière, Babiola, la servante émerveillée de l'importance du visiteur, sans même avoir consulté sa maîtresse, s'empressa d'introduire le visiteur dans le salon où elle le laissa pour courir prévenir Rose de sa présence.

— Le comte de la Rivodière, qu'est-ce que ce bipède, je ne le connais pas et n'en ai même jamais entendu parler, dit Rose qui à ce moment achevait sa toilette en l'intention de sortir.

— Mademoiselle, c'est un jeune et joli garçon, fort bien mis, avec des manières très-distinguées.

— Alors, allons-y! fit la jeune fille en s'empressant d'attacher la dernière épingle.

Robichon, en voyant paraître Rose, s'empressa de lui adresser, en souriant, le plus gracieux salut, tout en s'écriant sur sa beauté et sa fraîcheur.

— Mais je vous reconnais, c'est vous, monsieur le comte, qui étiez avant hier à l'Opéra avec Maurice.

— Moi-même, ma chère et adorable demoiselle ; répondit Robichon, tout en prenant la main de Rose pour la conduire sur un tête-à-tête et se placer près d'elle.

— Est-ce que par hasard vous viendriez me trouver de la part de cet inconstant, de ce perfide?

— Je viens de la mienne, belle Rose, pour vous dire que je suis noble, assez joli garçon, que je possède un cœur brûlant, que je suis fidèle, surtout très-riche et que je vous adore.

— Voilà bien des choses mais que voulez-vous que j'en fasse?

— Sambleu! reine de mon cœur, je viens déposer tout cela à vos pieds mignons, vous les offrir enfin, en échange de quelques bontés de votre part.

— Voulez-vous que je vous dise franchement ce que je pense?

— Certes !

— Eh bien, n'étant pas plus bête qu'un autre, je devine que vous m'êtes envoyé par Maurice, pour vous moquer de moi et faire en sorte de m'adoucir en sa faveur, non parce qu'il voudrait se réconcilier avec moi, mais parce qu'il me craint.

— Il y a un peu de cela, je l'avouerai, mais la question principale est que je suis amoureux de vous.

— Très-bien ! mais avant de vous répondre sur ce chapitre, commençons par vider la question qui m'intéresse le plus, celle de Maurice.

— Soit ! Maurice, mon ami, ma belle demoiselle, est, comme vous ne le savez que trop bien, très-épris de madame de Melvale, avec laquelle vous et un imbécile de Chamberlin, l'avez brouillé.

— Connu ! fit en souriant Rose.

— Brouillé, reprit Robichon, en faisant accroire à cette dame que Maurice, abusant de de votre innocence, de votre candeur et inexpérience, vous avait déshonorée, expression romantique, usée, à l'usage des gens vertueux et rococos.

— J'en conviens, après.

— Second méfait de votre part, adorable traîtresse : Profitant de l'état d'ivresse dans lequel se trouvait un soir ce cher Maurice, vous l'avez fait enlever et transporter dans votre lit où le lendemain il s'est éveillé dans vos bras charmants ; espièglerie dont certes, je n'aurai garde de me plaindre si vous vous avisiez jamais de m'en faire l'heureuse victime, mais, les moyens employés par vous en cette circonstance, ayant été dénaturés et le crime attribué tout entier à Maurice, étant venu aux oreilles de madame de Melvale, n'a pas peu contribué à augmenter le mécontentement de cette dame.

— Je comprends et telle était mon intention... après?

— Enfin, pour mettre le comble à votre perfidie, charmant démon, avant hier, au théâtre, aidée de votre complice, vous...

— Vous êtes introduite dans notre loge en l'intention de faire croire à madame de Melvale, que j'étais au mieux avec Maurice, ce qui a parfaitement réussi, interrompit Rose vivement.

— C'est cela même, dit Robichon.

— Après ? reprit Rose.

— Jusqu'alors, voilà les seuls crimes dont vous charge l'accusation.

— Très-bien ; il ne s'agit donc plus pour moi, que de connaître ma condamnation, fit Rose.

— Chère belle, elle consiste en une réparation d'honneur, écrite et signée de votre main mignonne, et cela en faveur du repos de votre victime ; enfin, de tracer certain écrit dans lequel vous vous accuserez de félonie, où vous justifierez pleinement Maurice en racontant les choses telles qu'elles se sont passées.

— Et que comptez-vous faire de cet écrit accusateur ? interrogea Rose.

— Le communiquer à madame de Melvale, excellente créature qui, attribuant vos fautes, à l'amour, vous excusera, vous pardonnera.

— Ah! vous croyez que je serai assez sotte pour tracer un pareil écrit, pour justifier un ingrat que j'ai adoré et qui m'a plantée là, dédaigné, bourré de chagrin pour faire son bonheur et celui de ma rivale? Le plus souvent!

— Chère colombe; il ne faudra pas oublier de confesser dans ladite lettre, que vous êtes artiste dramatique et passionnée du théâtre des Délassements-Comiques, puis encore, que le sieur Chamberlin a été votre heureux amant, puis encore...

— Assez de grâce! dispensez-vous, monsieur, de me dicter des choses que je dois nier et refuser d'écrire.

— Belle Rose, cessez d'être impitoyable et prenez en pitié ce pauvre Maurice.

— Jamais !

— On dit que l'indulgence est sœur de la beauté, prouvez-le en renonçant à une ridicule vengeance, en éteignant la colère dans ce petit cœur que la nature a formé pour l'amour, pour aimer et non pour haïr.

— C'est comme si vous chantiez, mon cher monsieur.

— Rose ! écoutez la voix du bien, soyez bonne et Maurice fera votre fortune, car il est puissamment riche.

— Je l'ai aimé lorsqu'il était pauvre, ce n'est donc pas parce qu'il est riche maintenant, que je courberai la tête devant lui.

— Encore une fois, Rose, consentez à écrire, à retracter vos calomnies et notre amitié, notre protection vous seront acquises. Rose ! je vous en supplie, au nom de l'honneur que vous ne pouvez avoir entièrement chassé de votre cœur, disait Robichon d'une voix suppliante.

— Non, cent fois non ! je n'en ferai rien, répondit Rose avec fermeté.

—Ainsi, telle est votre résolution dernière?

— Oui !

— Rose, maintenant que je vous ai fait entendre la prière, le langage de l'amitié, je vais changer de ton et exiger.

— Vous ! exiger de moi? de quel droit, mon cher monsieur ?

— Mademoiselle, aimez-vous votre père, votre mère?

— Beaucoup! mais à quoi bon cette question, et que peut avoir de commun ces braves gens avec les choses qui nous occupent en ce moment ?

— De braves et honnêtes gens, en effet, qui mourraient de honte et de chagrin s'ils apprenaient un jour que leur fille qu'ils croient sage et laborieuse, dont ils sont fiers...

— Assez, monsieur, je ne vous comprends que de trop. Oui, vous seriez assez indigne pour leur enfoncer le poignard dans le cœur, pour les tuer en leur révélant mes fautes, mon inconduite? Ah! vous avez trouvé la seule corde sensible qui soit capable de vibrer encore dans mon cœur... Je me soumets, je suis à votre merci, mais, au nom du ciel, que mes chers parents ignorent toujours!...

— Toujours ils l'ignoreront, Rose, si

en réformant votre conduite légère, vous consentez à accepter les six mille francs de pension que vous offre Maurice, pour aller vivre dans votre famille et consacrer vos soins aux auteurs de vos jours.

— J'irai, monsieur, mais que Maurice garde son argent, je n'en veux pas !

— Vous réfléchirez, Rose, et nous donnerez un peu plus tard votre dernier mot. Pour le moment, il ne s'agit plus que de tenir la bonne pomesse que vous venez de me faire... d'écrire cette lettre.

— Attendez-moi, je vais l'écrire.

Rose passa dans sa chambre où d'une main tremblante elle traça la confession de ses torts envers Maurice, qu'elle apporta et présenta ouverte à Robichon, en disant :

— Lisez.

— C'est bien cela qu'il nous fallait et je vous en remercie au nom de Maurice et de sa mère... Rose, touchez-là, car vous êtes une bonne fille et je vous estime. Maintenant, dites-moi, si mes visites, celles d'un ami, rien qu'un ami, vous seraient agréables?

— Beaucoup, monsieur, surtout celles d'un honnête homme, mais ce ne sera pas ici que j'aurai le plaisir de les recevoir.

— Pourquoi donc?

— Parce que je quitte Paris dès demain pour aller vivre auprès de mes parents, me repentir et oublier s'il se peut.

— Bravo! car voilà, ma foi! une belle et noble résolution dont je ne puis trop vous féliciter, ma chère Rose, fit Robichon en embrassant la jeune fille, qu'il quitta une demi-heure après, en lui promettant de ne pas l'oublier et d'aller la visiter à la ferme.

— Annoncez M. Alexandre Robichon, disait un peu plus tard ce dernier en se présentant chez madame de Melvale.

— Madame, pardonnez à ma témérité, d'oser me présenter devant vous sans avoir l'honneur de vous être connu.

— Asseyez-vous, monsieur, je vous écoute, dit la dame d'un ton gracieux en indiquant un siège au visiteur.

— Madame, je viens remplir, auprès de vous, une mission de paix et de réconciliation.

— Avec de tels pouvoirs vous ne pouvez être que le bien venu, monsieur, quoi que je ne comprenne pas absolument de la part de qui vous m'apportez ces bonnes paroles.

— Faut-il vous le dire tout de suite, madame ?

— Je pense que c'est utile, fit en souriant la jolie veuve.

— Eh bien, madame, c'est de la part d'un ami qui m'est cher et ayant nom Maurice.

Ici madame de Melvale se mit à pâlir et à rougir tour à tour et fit même un léger mouvement pour reculer un tant soi peu son siège de celui qu'occupait Robichon.

— Mais pour offrir la paix à quelqu'un il faut d'abord être en guerre avec lui, et je ne sache pas que M. Maurice et moi, soyons en ce cas.

— Pardon, madame, mais mon pauvre ami prétend qu'il a perdu l'estime et l'amitié dont vous l'aviez honoré et cette perte fait le malheur de sa vie, lui, l'homme le plus moral, le plus délicat, le plus aimant qui soit sur terre.

— M. Maurice se trompe, monsieur, en pensant avoir démérité en mon estime, car je lui reconnais toutes les qualités estimables que vous venez de citer.

— Alors, madame, de quoi, vous si belle, si bonne, si juste, le punissez-vous donc en le privant de votre adorable présence ? Vous hésitez à me répondre, eh bien, madame, je vais vous dire ce pourquoi, moi ; parce que un imposteur, un lâche, un sot, qui ose se permettre d'aspirer à vos bonnes grâces, à votre main, s'est permis de calomnier Maurice à vos yeux, de vous faire voir le mal où il n'existait que le bien, enfin d'attribuer l'apparence du vice, à ce qui ne fut toujours que l'effet du hasard, de la surprise et de sa perfidie.

— Je vous écoute attentivement, monsieur, et cependant j'ai peine à comprendre.

— Sans doute, madame, et cela provient de ce que je n'ose me permettre de m'expliquer plus clairement. Avouez, madame, que ce M. Chamberlin, ainsi que sa digne maîtresse et complice, Rose Lamoureux, sont de bien vilaines gens, les génies du mal enfin, et qu'ils font cruellement souffrir mon pauvre Maurice?

— Vous me surprenez, monsieur, car

j'ignorais que ces deux personnes eussent autant de torts envers votre ami.

— Des torts immenses, madame, et il vous sera facile de vous en convaincre, puisque déjà la coupable s'est repentie et a tracé sur ce papier l'œuvre de ses torts, intrigues et mensonges, quant au coupable, nous espérions obtenir pareille satisfaction de sa part, et cela, l'épée à la main, mais le poltron après avoir accepté deux fois l'honneur de se mesurer avec Maurice, a été assez lâche pour manquer au rendez-vous. Ce Chamberlin n'a véritablement de courage que pour mentir et calomnier. Mais assez abuser de votre patience, madame, et permettez-moi, en me retirant, de vous laisser cette lettre en vous suppliant de vouloir en prendre connaissance.

— De quelle part me l'apportez-vous, monsieur ?

— De celle d'un repentir qui se retire du monde pour se faire une honnête femme et se consacrer à sa famille; une fille enfin, ayant nom Rose Lamoureux.

A ce nom, Clara ne put s'empêcher de rougir.

— Mais que peut donc m'écrire cette fille ?

— Lisez, madame, et surtout n'oubliez pas que mon cher Maurice, souffre et se meurt loin de vous, de chagrin et d'amour.

Ayant dit ainsi, et pour éviter à madame de Melvale une réponse embarrassante, surtout pour une femme honnête et timide, Robichon s'empressa de prendre son chapeau et de se retirer à reculons, tout en adressant à Clara les plus profonds et respectueux saluts.

— En vérité, je ne me croyais pas un aussi profond diplomate, car je crois avoir fait d'excellente besogne.

Ainsi se disait notre homme en courant chez Maurice auquel il s'empressa de rendre compte des deux démarches qu'il venait de faire et de l'heureux résultat qu'il en espérait. Maurice, heureux et reconnaissant, sauta au cou de son ami pour l'embrasser et le presser dans ses bras.

— Demain, présente-toi hardiment chez ta chère Clara, car je te promets une bonne réception de sa part, reprit Robichon.

Maurice ne manqua pas de suivre le conseil de son ami, et son cœur s'inonda d'une joie suprême en se voyant admis le lendemain, en présence de la jeune veuve qui, en le voyant paraître, s'empressa de lui tendre une main amicale tout en lui adressant le plus gracieux sourire.

— Madame! ah! que je suis heureux! fit-il d'une voix émue, en posant un genou à terre.

— Relevez-vous, Maurice, je sais tout et vous rends mon estime et ma confiance, hélas! comme ils vous ont calomnié, les méchants! et combien moi-même ai-je été injuste et cruelle envers vous.

Il y avait près de deux heures que durait l'entretien des deux amants, et cela sans qu'ils s'en doutassent le moins du monde, lorsqu'un valet vint les interrompre pour annoncer M. le baron de Brécy, M. Desrieux ainsi que madame la marquise de Livry.

— Quelle charmante surprise! s'écria la jeune veuve en se levant vivement pour courir au devant de ces chers visiteurs, et que Maurice s'empressa de suivre, pour tomber dans les bras que lui ouvrait M. Desrieux, dont il couvrit le respectable visage de ses baisers et de ses larmes.

Tout le monde étant entré au salon et après s'être groupé sur des sièges, la marquise de Livry se leva, puis s'adressant à Clara, avec un ton sérieux :

— Madame, lui dit-elle, je viens en qualité de mère, vous demander votre charmante main pour mon fils Maurice.

— Mon excellent tuteur, que dois-je

répondre? demanda la jolie veuve en s'adressant à M. Desrieux.

— Oui, plutôt deux fois qu'une, ma chère enfant, répondit le vieillard.

— Alors, accordée, madame, fit Clara en plaçant sa main dans celle de l'heureux Maurice, qui faillit mourir de joie.

— Monsieur Chamberlin, vient de nouveau annoncer le valet.

Et Chamberlin, de rougir jusqu'aux oreilles en voyant tout ce monde et surtout en reconnaissant Maurice.

— Mon ami, vous arrivez fort à propos pour joindre vos félicitations aux nôtres, en faveur de l'heureux mariage qui vient de se décider, entre mon cher Maurice et ma bien-aimée pupile, Clara de Melvale, dit M. Desrieux, paroles qui foudroyèrent le pauvre Chamberlin qui, honteux embarrassé, grimaça le sourire et balbutia entre ses dents quelques paroles inintelligibles, pour s'esquiver ensuite, la colère au cœur et aller se jeter dans Robichon qui montait en ce moment l'escalier.

— Enchanté de vous rencontrer, mon brave, afin d'obtenir de vous, quelques renseignements sur ce qui se passe là-haut, dit Robichon en retenant Chamberlin par le bouton de son habit.

— Si vous êtes curieux de le savoir, allez vous en assurer vous-même et laissez-moi passer.

— Vous êtes donc bien pressé?

— Je le suis.

— Serait-ce par hasard, pour vous rendre à l'obélisque de Vincennes, mon brave champion?

— Allez au diable! répondit Chamberlin furieux, en s'éloignant, après avoir laissé le bouton de son habit, dans la main de Robichon.

— Ami, elle est à moi, juge de mon bonheur! s'écria Maurice en voyant entrer Robichon.

— Décidément, cher ami, à toi désormais toutes les joies de la terre, répondit le jeune homme, pour ensuite poser respectueusement ses lèvres sur la jolie main que lui présentait Clara en signe d'amitié, pour lui dire ensuite :

— Eh bien, madame, quand je vous disais que la mission que je venais remplir auprès de vous, était toute de paix et de réconciliation, me trompais-je ?

— Vous êtes un trop bon diplomate, monsieur, pour jamais vous tromper, et puis, lorsque l'amitié s'adresse au cœur, n'est-elle pas toujours sûre de réussir ? répondit madame de Melvale.

FIN DU DEUXIÈME ET DERNIER VOLUME.

TABLE DES CHAPITRES.

		Pages
Chapitre	I.	1
—	II.	33
—	III.	89
—	IV.	125
—	V.	149
—	VI.	171
—	VII.	207
—	VIII.	233
—	IX.	281

FIN DE LA TABLE.

Fontainebleau. — Imprimerie de E. BOURGES.

NOUVEAUTÉS TERMINÉES.

AINSI SOIT-IL
Par ALEXANDRE DUMAS. — 3 volumes.

LE CANAL S^T-MARTIN
Par CHARLES DESLYS. — 6 volumes.

L'ENFANT DE L'AMOUR
Par MAXIMILIEN PERRIN. — 2 volumes.

BAMBOULA
Par ERNEST CAPENDU. — 4 volumes.

L'HÉRITAGE MAUDIT
Par HENRY DE KOCK. — 5 volumes.

LES MISÈRES DORÉES
Par le Marquis DE FOUDRAS. — 4 volumes.

LA DIRECTRICE DES POSTES
Par ÉLIE BERTHET. — 4 volumes.

LES MYSTÈRES DU MONT-DE-PIÉTÉ
Par ERNEST CAPENDU. — 6 volumes.

LE BARON DE FRÈSMOUTIERS
Par Madame ANCELOT. — 2 volumes.

Sceaux, typographie de E. Dépée.

www.ingramcontent.com/pod-product-compliance
Lightning Source LLC
Chambersburg PA
CBHW060641170426
43199CB00012B/1627